2021年度天津市教育科学规划重点课题

《“五育并举”的课程体系研究》课题编号BHE210021

五育并举 向『新』而行

『双减』背景下学校特色课程的探索与实践

陈　虹◎编著

天津社会科学院出版社

图书在版编目（CIP）数据

五育并举　向“新”而行 ：“双减”背景下学校特色课程的探索与实践 / 陈虹主编. -- 天津 ：天津社会科学院出版社，2023.4
ISBN 978-7-5563-0882-8

Ⅰ. ①五… Ⅱ. ①陈… Ⅲ. ①基础教育－课程－教学研究 Ⅳ. ①G632.3

中国国家版本馆CIP数据核字(2023)第071155号

五育并举　向“新”而行 ：“双减”背景下学校特色课程的探索与实践
WUYUBINGJU XIANG“XIN”ERXING: “SHUANGJIAN” BEIJING XIA XUEXIAO TESE KECHENG DE TANSUO YU SHIJIAN

选题策划：柳　晔
责任编辑：柳　晔
责任校对：王　丽
装帧设计：高馨月
出版发行：天津社会科学院出版社
地　　址：天津市南开区迎水道7号
邮　　编：300191
电　　话：（022）23360165
印　　刷：廊坊市印艺阁数字科技有限公司
开　　本：787×1092　1/16
印　　张：16.25
字　　数：220千字
版　　次：2023年4月第1版　2023年4月第1次印刷
定　　价：78.00元

前　言

2021年7月，为推动教育高效发展，回归教育育人本位，《关于进一步减轻义务教育阶段学生作业负担和校外培训负担的意见》正式发布，党中央站在实现中华民族伟大复兴的战略高度，对“双减”工作进行决策部署，提出明确方略，强调减的是课业负担，增的是教学质量。促进德育、智育、体育、美育和劳动教育的有机融合与全面发展是教育的终极目的，也是深化教育改革亟须实现的目标，在“双减”背景下实现五育并举，对师生、家长以及学校教学的管理和建设提出了新的挑战。

持续做好“增”的文章，不断提高“减”的效果，做好“双减”工作的应有之义，天津市北辰区普育教育集团力求通过“五育”并举的普育真实教育课程体系建设来实现这一使命。结合“双减”落地，针对课程改革的薄弱环节和突出问题，加强顶层设计，在课程管理、课堂教学、作业设计、素质拓展、综合评价等方面，取得突破性进展，保证“五育”并举落到实处。

第一章立足丰富整合课程资源的重要措施，以求达到融会贯通的理想效果。课程资源是教育教学的源头活水。联系教材和学生生活的实际经验，充分挖掘国家课程计划内各学科课程资源，形成对国家课程的思考与实践，并对其补充、完善，为建设“五育”并举理念下的课程体系提供绵绵养分。

第二章强调构建优化全面育人的课程体系，讨论构建德、智、体、美、劳全面发展的各学科课程体系。它像江河一样覆盖在“五育并举”课程理念土地之上，连接起学校环境、校内外教育教学活动，包孕课程内容、课程目标、课程实施、框架结构、课程实施形式等不同方面。

第三章着重介绍“抛砖引玉”概念下如何改革创新教学模式。“五育”并举理念下教学模式讲究“抛砖引玉”，抛砖为“双减”，引玉为“双减”之后的高质量课堂更具创新性的教学方法和更加精彩的教学范式以及更多样的教学资源。

第四章着眼于提质增效，探索打造高效课堂。“双减”下，对提高课堂效率、高效课堂教学有了更高的要求。想要更好地落实“双减”目标，达到全面压减作业总量和时长，减轻学生过重的作业负担，就要确保学生在校内学足学好，努力提高课堂效率。需要立足课堂落实“双减”计划，用足课堂提高教学质量。

第五章强调培优赋能，协同校园内外，打通各个学科。“明者因时而变，知者随事而制”，顺应“双减”合理安排教学时间，妥善计划教学空间，沟通起校园内外的学生发展培养之路，建立起学科之间的桥梁纽带，这既是建设“五育并举”课程体系的要求，又是教育本身立德树人内涵的另一层面。

第六章注重学生的减负增能，探讨如何优化创新作业设计。作业是促进教育质量提升的核心问题，与教学、评价有着千丝万缕的联系，与教学共同促进学生发展。在“双减”政策下，想要解放孩子的天性，最关键是要解决作业的设计问题。学校要不断提升自身作业设计与实施能力，更好地充分发挥作业个性化、针对性等优点，实现因材施教。

他山之石，可以攻玉。本书是一众心怀热忱、满怀期望的教育工作者的智慧与心血之结晶，我们致力于在理论与实践上实现二者的圆融贯通、尽善尽美，同时渴望为教育提供一些可供参考的理论经验与行之有效的实践方案。本书在编辑过程中难免出现疏漏，敬请广大读者批评指正。

“双减”工作是一项党和国家高瞻远瞩，从民族未来的长远发展出发而开展的一项教育大计，是实现十四五规划教育高质量发展的一项重大举措。需要各个学校与教育工作者在科学的教育观、教育政策、教育氛围的引领下，摒弃陈旧的教学模式，根据学情持续有效地调整课程体系策略，构建“五育并举”理念下适合社会发展、适合学校教育、适合学生成长的多元校本课程体系。多措并举，标本兼治，减量不减质，全面落实立德树人的根本任务，定为学生的健康成长，全面发展保驾护航，促进教育高质量发展，助力教育事业蓬勃兴盛！

编　者

2023 年 3 月

目　录

绪　论　“双减”落地生根　“五育”提质增效

第一章　融会贯通——丰富整合课程资源

课程资源是教育教学的源头活水。学校应充分联系教材和学生生活实际经验，挖掘国家课程计划内各学科课程资源，形成对国家课程的思考与实践，并对其补充、完善。这就是我们的青山，丰富的课程资源为我们建设“五育”并举理念下的课程体系提供绵绵养分。

文化教育资源与小学课程整合的策略研究…………………… 田家铭　/7
“双减”政策下小学英语课后学习资源的开发 ……………… 赵清阳　/11
浅谈初中地理教学与课程思政融合探究 …………………… 王　楠　/16
如何在小学体育教学中实施国防教育 ……………………… 张凤锁　/20
依托有效数学活动培养学生空间观念 ……………………… 吴雪皓　/25
小学校本阅读课之诗词拓展方法研究 ……………………… 姚　瑶　/30
整合课程资源，优化课堂教学
——以小学英语低段教学为例 ………………………… 姜仪萱　/36

第二章　全面育人——构建优化课程体系

本章讨论构建德、智、体、美、劳全面发展的各学科课程体系。它像四通八达的江河一样覆盖在“五育并举”课程理念土地之上，连接起学校环境、校内外教育教学活动，包孕课程内容、课程目标、课程实施、框架结构，课程实施形式等方面。

五育并举，德育优先，课程育人
——普育学校德育课程体系的构建 ………………… 李珍莹　/43
试述普育学校课程体系构建的思考与实践 ………………… 李广鹏　/50
浅谈幸福教育理念下的课程体系建设 ………………… 侯金霞　/67
双减政策下学校体育改革的思考 ………………… 唐　俊　/74
立足课堂落实“双减”，提高体育教学质量 ………………… 李友华　/79
基于《道德与法治》课的学生理性思维培养 ………………… 朱春艳　/83

第三章　抛砖引玉——改革创新教学模式

“五育并举”课程的教学模式讲究“抛砖引玉”，抛砖为“双减”，引玉为“双减”后的高质量课堂、更具创新性的教学方法、更加精彩的教学范式、更多样的教学资源。

“双减”背景下课堂教学改革建设 ………………… 罗　辉　/91
“双减”背景下情境化教学在小学英语课堂中的有效应用
………………… 宋　佳　/98
疫情下信息技术学科线上教学模式的探索与研究 ………… 刘　瑜　/102
游戏教学提升语文综合素养 ………………… 杜　杰　/107
“有效性问题”在小学语文课堂中的设计策略 ………………… 李　莉　/112

“学习任务群”视阈下的小学语文阅读教学课堂的策略研究
…………………………………………………………… 尚 影 /117
“双减”下，小学数学课堂之变化
——以六年级数学课堂为例……………………………… 栾 迪 /122

第四章 提质增效——探索打造高效课堂

“双减”对提高课堂效率、高效课堂教学有了更高的要求。想要更好地落实“双减”，达到全面压减作业总量和时长，减轻学生过重作业负担的目标，就要确保学生在校内学足学好，努力提高课堂效率。立足课堂落实“双减”计划，用足课堂提高教学质量。

落实“双减”，高效课堂 ………………………………… 王 瑞 /129
“双减”视野下高效课堂初探 …………………………… 张 瑞 /133
立足课堂教学，实现课堂增效 ………………………… 张甜甜 /137
“双减”政策下高效课堂的构建策略 …………………… 王 静 /143
立足“双减”建构小学数学高效课堂 …………………… 邢飞越 /148
“双减”背景下小学语文高效课堂的策略研究 ………… 尚 影 /153
浅谈“双减”政策下如何提高数学课堂学习 …………… 王国旺 /157
浅谈双减背景下如何提高小学数学课堂教学效率………… 刘 晔 /161

第五章　培优赋能——协同内外打通学科

“明者因时而变，知者随事而制”，顺应“双减”合理安排教学时间，妥善计划教学空间，架起校园内外的学生发展培养之路，建立起学科之间的桥梁纽带，这既是建设“五育并举”课程体系的要求，又是教育本身立德树人内涵的另一层面。

“双减”下的民乐社团 …………………………………… 马　梁　/169
突破时空界限，落实双减政策
——初中化学教学多样化探讨 ……………………………… 郑艳超　/173
体验蚕桑文化、品味劳动乐趣
——浅谈小学劳动教育课程的实践与探索 ……………… 刘　悦　/177
小学语文教学中渗透德育的有效途径 ………………… 李　赛　/185
小学英语跨学科主题教学的设计实施 ………………… 高　群　/190
信息技术学科与语文学科整合
——促进习作教学方法的转变 ……………………………… 贾冬伟　/195

第六章　减负增能——优化创新作业设计

作业是促进教育质量提升的核心问题，与教学、评价有着千丝万缕的联系，与教学共同促进学生发展。在“双减”政策下，想要解放学生，最关键是要解决作业的设计问题。只有不断提升学校自身作业设计与实施能力，才能更好地发挥作业个性化、针对性等优点，实现因材施教。

以绘本故事做好一年级的入学教育 ………………… 王　森　/203
落实“双减”深教研 精准作业促成长 ………………… 罗　辉　/209
“双减”政策下小学高年级英语作业设计的探究 ………… 林月帅　/215

"双减"背景下语文作业的设计与研究 ………………………… 魏　源　/222
《说文解字》视野下的小学语文教学与个性化作业设计 … 张　煜　/229
"双减"下行为作业设计,使学生养成良好道德品质
——以道德与法治课程的行为作业设计为研究……… 潘希影　/234
创新作业,让语文课堂"活"起来
——以部编版教材小学语文二年级为例……………… 许张岑　/239

后　记………………………………………………………… /245

绪　论

"双减"落地生根　"五育"提质增效

中共中央、国务院印发的《关于深化教育教学改革全面提高义务教育质量的意见》中指出，坚持"五育"并举，强调"突出德育实效""提升智育水平""强化体育锻炼""增强美育熏陶""加强劳动教育"，以及构建新时代"教育新体系"，以此全面发展素质教育。中共中央办公厅、国务院办公厅发布的《关于进一步减轻义务教育阶段学生作业负担和校外培训负担的意见》，立足实现中华民族伟大复兴的战略高度，从体制机制入手深化改革，全面贯彻党的教育方针，落实立德树人根本任务，促进学生全面发展和健康成长。2021 年 7 月，中共中央国务院提出"双减"要求，为学校培养德智体美劳全面发展的社会主义建设者和接班人提供了强大的政策支持。学校是落实这一工作部署要求的主阵地，"双减"政策要求各地学校开设课后服务，不少学校纷纷尝试利用课后服务时间，开设多元校本课程，以促进学生的全面发展。用足用好学生在校时间和空间尤为重要，课堂是落实双减促进学生全面发展的主渠道，只有让学生在课内学足学好才能真正落实"双减"，由此可见课程体系建设的必要性、重要性和紧迫性。

我国深入推进素质教育的最终目标是培养德智体美劳全面发展的社会主义建设者和接班人，义务教育阶段是实施素质教育的基础，素质教育需要给学生留出全面发展的时间和空间，所以素质教育的主渠道在课堂，课程就是素质教育的具体依托。学校作为实现“为党育人、为国育才”责任使命的重要场所，是立德树人的重要依托，而学校课程则是育人的重要载体和依托。“五育”并举的课程建设是伴随着中国教育改革的发展逐步补充完善的，自20世纪五六十年代至今，国家一系列政策背景在强调“五育”并举的同时都是把以德为先作为根本。随着经济和高科技的迅猛发展，世界竞争愈发激烈，中华民族要实现伟大复兴，需要全面发展的高素质人才。“培养什么人”“怎样培养人”和“为谁培养人”这一根本问题成为我国教育必须清楚和急需解决的重大问题。要实现这一目标必须依靠课程改革，而“五育”并举课程体系的建设就是最重要的抓手。学校需紧紧抓住“课程”这个核心的若干相关问题，在“双减”要求与“五育”并举的政策要求指导下，通过实践探索，实现课程实施体系的全面重构，使之成为新时代“真实教育”的操作系统。

“双减”政策的落实，事关落实立德树人根本任务，事关解决人民群众急难愁盼，事关深化教育领域综合改革，事关促进学生全面发展健康成长，意义重大，影响深远。天津市北辰区普育学校恪守“勤劳、真实”的校训，发扬“普惠民众、育成良才”的办学理念，坚持“做有责任的教育者，培养有责任的下一代”的教育理念，充分发挥发挥“精细、高效，精神、大气”的学校文化特色，推进教学改革、创新教学体系与模式。坚持疏堵结合，标本兼治，优化“学校教育”关，打破“应试焦虑”关，抓实“日常监督”关，以“双减”工作提高办学水平，以系统思维落实“双减”工作，统筹校内校外、课上课下、学校家庭，不断满足学生多样化、高质量的教育需求，回应家长和社会的期待。在“双减”背景下，学校提出通过构建“五育”并举的多元校本课程体系，形成“五育”并举课程图谱，推进“五育”并举多元校本课程在校内外的实施，助力学生全面发展，以此探索“怎样育人”和“提升育人质量”新路径，进一步助推“双减”落地生根，“五育”提质增效。

要使教育事业永葆活力，滋润桃李万千绵延不尽，则需积极交流共享教育经验。天津市北辰区普育教育集团不断探索"双减"政策背景下、围绕"五育"并举理念的学校特色课程体系的创新建设,将其具体思考与研究经验辑录成此书以襄同侪。此举将助力各校创新课程体系建设,实现高效育人,为我国教育事业的蓬勃发展做出了贡献。

十年树木,百年树人。树木生长需要阳光雨露,人的成长需要培育引领。学校需积极主动适应"双减"工作的新要求、新挑战,快速提升教书育人本领,推进"双减"政策落实落细,将"五育并举"理念融会贯通,构建学校课程体系建设新特色、新格局,引导学生全面而有个性发展,实现学校教育长足发展!

第一章

融会贯通——丰富整合课程资源

课程资源是教育教学的源头活水。联系教材和学生生活实际经验，充分挖掘国家课程计划内各学科课程资源，形成对国家课程的思考与实践，并对其补充、完善。我们的青山就是丰富的课程资源，为“五育并举”理念下的课程体系提供绵绵养分。

文化教育资源与小学课程整合的策略研究

田家铭

在诸多的文化载体当中,音乐最有助于体现地方文化本质特征。中国是个多民族的国家,每个民族都有其独特的艺术形式,国家课程不能照顾到这些民族音乐文化,而如何通过本地文化教育资源来传承这些音乐中的文化是值得探讨的问题。在中华民族音乐文化中不同的民族音乐文化资源是非常重要的组成部分,其文化价值非常大。地方音乐课程在开发过程中,主体是当地人民,他们与本土音乐文化具有精神共鸣。课程的内容应体现出特定的地域文化音乐资源,一方面使音乐文化传统内容得到保存;另一方面使地方文化以及意志得到传承,使得地方音乐文化充满活力。

一、确立本土音乐文化教育理念

当前随着我国社会经济不断发展,人们的思想观念、审美标准都发生了巨变,思想理念的更新速度快,而且随着改革开放的不断深入,欧美文化和日韩文化对学生的影响非常深刻,因此我们要正视文化价值的入侵,尤其是价值观尚不健全的学生群体,更是要加大本土音乐文化的教育力度。要实现这一目标最核心的推动力是广大教育者及其教育思想观念的革新与进步,这是开启本土音乐教育的基础和前提。教育者要意识到,在教育传承过程当中，根基和灵魂是民族文化，教育者肩负着将本民族、本地区文化传承、发扬下去的重担。当前很多地方民族文化缺失，很多学校被卷入西方思想浪潮当中，教育者的教育方式、教育价值观、教育内容深受此影响，本土文化面临着岌岌可危的局面。因此，音乐教育者要树立起本土文化价值理念，在教育过程中自觉践行这种理念，使本土音乐文化在校园音乐教育中得到发扬和传承，使学生在音乐课堂教育中受到本土音乐文化的熏陶。

二、深挖本土音乐文化编纂具有可行性的校本教材

校本课程并非是被单独隔离开来的，而是与其他课程构成了一个有机整体，能够将地方特点充分反映出来，增加了课程的地方适应性，因此趣味性和选择性应当是其关注的重点。所以课程管理机构应当明确其权责范围，确保课程开发工作的科学性，校本课程和国家课程之间并非是相互独立的而应是相互补充的，开发和实践校本课程应当有效地补充地方课程的不足。

应用实践是开发校本教材的主要目的，这样可以弥补全国性教材中本土音乐文化的不足。在编写校本教材的时候，要充分考虑到课程资源的实用性，要让学生们受到本土民族音乐文化的熏陶。在知识传授过程中，教材是非常关键的载体，因此在教材中，将本土音乐文化内容纳入其中就意味着本土音乐教育的发展和进步。本土音乐文化相关的内容将会作为教师和学生的教学内容存在，毫无疑问这对双方都是非常有益的，有助于拓展教学资源的开发，同时对于本地和民族音乐文化的传承是非常有帮助的。

当前很多地区的小学生都在使用统编教材，与本土性相关的音乐教材整体上是缺乏的，仅有一些音乐教案中能体现本土音乐文化，编写这些教

案一般都是基于个别音乐教师的兴趣，这些教案的系统性、连贯性以及实用性可想而知。统编教材最显著的特征就是全国统一性，对于不同地区不同学校的个性化教学需求是无法满足的，无法体现中国不同地区和民族的音乐文化以及差异。因此，校本教材在内的本土性教材中，作为对统编教材短板的补充，应将极具本土和民族特色的文化内容和因子纳入其中，让学生在课堂教学中就能受到自己家乡的文化，更好地促进小学课程资源与本土音乐文化的融合。

在编写本土性音乐教材的时候，要体现出自身的特征，区别于统编教材，二者分别体现个性和共性。在普及性以及统一性上，对本土教材的要求不应太高，但是要在独特性上下功夫。各地应当牢牢把握当地本土文化特征，提取本土音乐文化中的因子，将其和教材资源融合在一起，编写具有本地音乐文化特色的乡土教材。

教材新式也应当多元化，不局限于课本，音像资料、音乐图书等都可以。编写工作的主体也要实现多元化，除了本校音乐教师之外，还需要民间艺人、课程专家等主体的参与，这将增加教材资源的科学性以及文化内容的丰富性和准确性。

教材也要突出趣味性。因为教材主要针对的是活泼、好动的小学生，因此教材中要加大实践活动的内容，包括节奏、律动、舞蹈游戏、音乐聆听等。教材设计过程中，谱例要与对应的活动方式相结合；教学方式上，情境教学、合作教学都可以利用起来以培养学生的乐观态度和合作能力。同时，多媒体也要充分地应用，以吸引学生的兴趣，强化视觉效果。此外，教师还要重视音乐文化当中的情感态度、价值观的传授，通过音乐文化让学生感受音乐文化中的内涵和历史发展，提升学生的音乐艺术感受和欣赏审美能力，通过这种些渠道培养他们热爱家乡、热爱祖国的情怀和社会责任感，让他们学会尊重文化的多样性。

三、提升教师本土音乐文化素养

教师的素养会影响音乐教育的质量，因此要提升音乐教师的文化素养，要对中华民族文化脉络具有全面的了解，同时要了解民族文化知识，只有这样才能在教育过程当中将共性和个性结合起来，让本土课程资源在正确的轨道上运行。

小学音乐文化与课程资源的融合并非是一蹴而就的，而是一项长期的系统性的工程，需要团队协作，因此，课程资源开发团队的组建是非常重要的，各地可以以师资力量强、教学条件较好的重点小学为组织单位进行课程资源开发活动，组建开发团队。在开发过程中要真正的基于学生的实际需求，在音乐课程设计、教学方案编写等方面都要尊重学生的主体地位以及突出趣味性和实践性。

音乐教师在利用音乐文化资源，开展小学音乐教学工作中，需要各方主体的合作才能深入挖掘音乐文化资源，提高小学音乐教育质量。教育主管部门应当明确方向，为教育机构提供各种政策支持。学校领导层面应当转变观念，重视本土性、民族性音乐文化的价值和意义。教师应当主动提高自己的素养，最后还要努力实现音乐教材的本土化，弥补音乐教材的空缺，让学生受到本土音乐文化的熏陶，全面提高学生的综合素养。

（作者单位：天津市北辰区金艺小学）

“双减”政策下小学英语课后学习资源的开发

赵清阳

“双减”政策执行以来，许多英语教师关注的是如何减轻学生的作业负担，并进行作业设计的研究。但是鲜有人关注学生们在课后存在的英语学习需要，进行课后学习资源的开发。本文首先对课后学习资源进行概念的界定，然后探讨在“双减”政策下为小学生们开发哪些英语课后学习资源。

一、课后学习资源概念的界定

课后学习资源是指学生课后为巩固课堂所学，拓展知识层面而使用的学习资源。课后学习资源侧重于对学生课后学习的服务性，在课后学习资源的使用过程中注重学生对学习资源使用的主动性，弱化或者去除对学生使用资源的强制性。

二、围绕双减政策，确定开发出适合小学生使用的小学英语课后学习资源

“双减”政策主要目的是给学生减负，以促进学生全面发展为价值旨

归。因此在这样的教育大背景下为学生开发课后学习资源要服务于“双减”政策，同时更要服务于资源的使用者——学生们。英语教育者要秉持着“以学生为本”的教育理念，开发的小学英语课后学习资源要面向全体学生，适应该学段学生的学习特征，与时俱进的同时还要有利于学生全面的发展。

（一）面向全体学生，开发出适合不同学习层次学生使用的英语课后学习资源

基于不同学习层次学生的学情，教师在开发课后英语学习资源时，要考虑到不同学习层次的学生们的学习需求。有的学生需要帮助他们弄通弄懂教材上的知识点，那么教师在开发课后英语学习资源时要紧紧围绕课本上的基础知识，如：单词的发音、拼写、词义和主要的功能句型等进行开发。又如可以为学生开发出对应所学教材的英语电子书，学生可以利用电子书来进行课本内容的再学习，还可以为小学生们开发出一些英文儿歌或者英语顺口溜来帮助学生们更好地学习、掌握单元话题下的单词发音等。目前学生的英语作业主要是与教材配套的英语练习册，相比教材而言练习册里的学习内容较多，难度有所提高。针对学习基础薄弱的学生，教师可以为他们录制英语练习册中难度比较大的题型，如阅读题的音频，以及重难点知识讲解的音频，以此来为学生们独立完成英语作业遇到的难题提供必要的帮助。而对于基础知识掌握较好的学生而言，在开发课后英语学习资源时就需要基于教材知识，跳出教材去开发教材之外的学习资源来满足这部分学生的学习需求。教师可以为这部分学生开发出英文绘本阅读、英语配音、英语手抄报设计、英语动画片等具有挑战性又符合学生最近发展的课后英语学习资源，满足他们的学习需求，提升其综合语言运用能力。

（二）基于小学生的阶段性学习特征，开发出趣味十足的英语课后学习资源

小学阶段的学生相对于初高中学生，最显著的学习特征就是他们的自主学习能力比较弱，对教师的依赖心理比较强，需要教师的指导，创设良好的学习情境才能保证其学习效果。课后学生们脱离了学校的老师，同时在“双减”政策下，部分学生还失去了辅导机构的帮助，学生们变得不适应，易产生焦虑的情绪。但是我们忽略了一个“无形的老师”，那便是兴趣。爱因斯坦曾经说过：“兴趣是最好的老师。”兴趣是学习动机中最现实、最活跃和最实际的因素，小学英语教师可以结合该学段学生的兴趣爱好，开发出学生们感兴趣的课后英语学习资源，引导学生在课后对课堂所学英语知识进行巩固与提升。有趣味性的英语学习资源激发了学生课后的学习动机，有助于缓解其课后自学时的压力与焦虑的心情。

小学生们对卡通图片、视频、故事、歌曲等形式十分感兴趣，同时他们喜欢模仿、表演绘画。教师可以基于学生们的这些兴趣点，开发出他们感兴趣的英语课后学习资源，如英文儿歌、英语顺口溜、英语绘本故事、英文涂色画、英语配音、英语课本剧等形式多样的学习资源。只有所开发的学习资源让学生感兴趣，学生们才会去主动地学习，才能保证所开发的课后学习资源的使用率和学生的学习效果。

（三）借助互联网，依托信息技术，开发出与时俱进的互联网英语课后学习资源

网络的快速发展与普及使得小学生们很早就能接触到，随着他们对互联网的使用，他们对学习资源的欣赏品味也随之提高，与传统的纸介质课后学习资源相比，兼顾文本、声音与图片等多媒体学习资源深受学生喜欢。这就要求教师开发学习资源的理念也要与时俱进，充分发掘现有网络学习

资源潜力，为学生们开发出深受学生们喜爱的网络英语学习资源比如英语绘本、英语音频以及英语儿歌、英语动画、英语微课等极具观感和学习兴趣的学习资源。互联网为我们提供了大量优质的教学资源，利于教师发现、整合适合小学生使用的课后英语学习资源。同时信息技术也为教师开发新的课后学习资源提供了技术支持，比如一些视频剪辑处理软件、录频软件为老师们开发像微课这种深受学生喜欢的学习资源提供了强有力的技术支撑。与此同时，信息技术又为教师开发出可提供分享以及互动的平台，如班级微信群等。教师可以利用这些信息技术软件将所开发的课后学习资源推送或者共享给学生们，学生们可以方便获取教师开发出的课后英语学习资源，为其课后进行英语学习所用。同时像抖音这种交流平台上的学习资源便于学生进行反复观看，不受时间与空间的限制，学生们还可以与教师进行互动。

（四）“五育”并举，进行英语与其他学科的整合，开发出利于学生全面发展的课后英语学习资源

“双减”政策和“五育”并举二者犹如服务学生全面发展和健康成长的一套组合拳，在英语课后学习资源的开发的过程中，注重把德、智、体、美、劳的元素融入所开发的课后英语学习资源中，将英语学科同道德与法治、体育、美术以及劳技等学科融合。例如教师可以为学生开发出基于课本单元主题的设计类学习资源，如英语海报、英语手抄报、英语小视频、英语小书签等范例，然后给出设计的主题以及已学的英语词汇和必要的拓展英语词汇，鼓励学生在放学后进行相应的创新设计。在进行设计过程中，学生们可将所学英语知识进行动手运用从而达到对英语知识的巩固与拓展的目的，满足学生的绘画需求，同时也锻炼了他们的动手劳动能力，培养了他们的创新思维。通过学科融合，让学生在课后感受学习英语的快乐。

小学英语课后学习资源的开发有助于缓解“双减”政策下学生们对课

后英语学习的焦虑,开发小学英语课后学习资源在学习资源上做“加法”,客观上是为“双减”政策做“减法”。通过对学习资源的使用,学生自主学习的能力得到了提高,进而摆脱课后对辅导机构老师的依赖,更加有利于“双减”政策的贯彻执行。同时小学英语课后学习资源的开发丰富了课后服务的内容,提高了英语教师课后服务的质量。

(作者单位:天津市北辰区普育学校)

浅谈初中地理教学与课程思政融合探究

王　楠

随着社会的不断进步，思政教育成为教育教学的“时政”话题，中学生模仿能力、可塑性能力强，但是易受周围环境的影响，对于社会、国家、民族的认识能力不足，基于以上内容，本文围绕初中地理课堂教学与素质教育的融合为中心，提出课堂教学的方式、内容等，激发学生对初中地理学习的兴趣，培养学生良好的地理学习习惯，提高学生的综合地理素养，培养爱国主义情怀，培养文明学生、文明校园、文明社会，直至培养成为祖国发展需要的人才，从而推动成为文明国家。

一、初中地理教学与思政开展的现状

随着信息化社会的不断发展，“网络文化”“洋文化”“潮文化”等随之而来，初中生对于新事物的向往与追求，导致学生对于民族文化、文明用语、好习惯等行为逐渐淡化，低俗、不文明行为成为另类的追求。通过分析，笔者认为主要有以下原因：传统教育教学方式的固化；教师过于关注学生的文化成绩而忽视了学生的地理综合素养的培养；初中地理教师自身思政知识、手段缺乏，地理课堂兴趣缺失进而导致地理思政教育缺失，学生地理综合素养不全面等。

二、思政教育与初中地理教学融合的探究重要性与策略

(一)榜样作用益于表

中学生是人生成长的重要时期,学生的模仿能力、思维能力、学习能力逐渐提高,主动趋向于喜欢的人或事,同时由于青春期的原因导致辨别是非能力较弱,校园中教师是学生的朋友、师长、亲人,是学生相伴生活的领路人,长期的生活与学习使学生在潜移默化中会模仿老师的言行举止,从而形成学生自身的行为习惯。因此,在教学中,教师应注意自己的言行,在课堂及日常校园生活中提高自身的地理学科专业素养,丰富教学内容设计,引导学生学会学习,拓宽学生的地理学习内容,将专业知识与爱国主义、集体主义相融合,引导学生爱护身边的环境、帮助同学、遵纪守法;利用自身的教学经验及亲身经历,教会学生主动探索,培养学生主动思考能力,利用自身的学习知识,联系实际生活,将地理知识运用于日常生活、服务于生活,增加学生实践能力的机会,从而提高对地理思政内容的体验,激发学生地理学习兴趣,提高地理学习效率,最终提高学生的地理综合素养。

(二)建立人与社会、自然和谐共处的命运共同体

由于初中生的思维辨别能力不足,对于自然、社会和人的关系没有建立正确的认识。在初中地理教学中,自然灾害很多是由于人类不正确的生活方式造成的,学生应了解地理教学中自然灾害的产生、影响及人为等因素,通过地理教学引导正确的人与自然环境的共存方式,减少自然灾害(全球变暖、病虫害、沙漠化、泥石流、饥荒等)的产生,建立正确的生态文明观念(保护环境、保护自然、尊重自然、顺从自然变化与更迭)从自身做

起的习惯，建立人类与自然和谐共处的概念，从整体出发，走可持续发展道路，为子孙后代造福。

（三）弘扬民族传统文化，建立家国情怀

教师要在初中地理教学中引导学生养成勤俭节约的美德，为祖国、世界贡献一份爱。在初中地理中对于“家”的介绍有很多，我们祖国的大好河山、美丽风景、不同的地域、不同的饮食、不同的风俗、不同的文化共同组成一个美丽而强大的中国。教师应运用丰富的教学手段与多彩的教学内容，让学生领略不同地域风情、传统的地域美食，使学生对于祖国大好河山具有深刻的认识，尊重不同民族的文化、风貌，用自己的行动爱护的一草一木，长大后建设祖国。初中地理课程中“天津”一课中介绍了美丽的天塔、五大道、意式风情街、佛罗伦萨小镇等地标性建筑物映衬出天津的浓厚底蕴。“奔放”的海河哺育了代代天津人、雅俗共赏的相声伴随着天津人的成长、锅巴菜、大饼鸡蛋与煎饼馃子等早餐食品满足了天津人的味蕾。来到这里如何进入一个“新的家”，我们要尊重不同家庭成员、尊重家庭不同文化、尊重不同饮食，用自己的行动保护小家、尊重大家、建设国家。

（四）培养爱国主义情怀，建立富强中国

经历了改革开放四十多年的变迁，中国从经济、军事、综合实力进入了快速发展期，同时也带来了地域间的经济等多方面的差距。作为新一代的少年应努力学习，建设祖国。通过初中地理课程学习，了解我国改革开放后的渤海湾经济带、珠三角经济带、长三角经济带过渡到环渤海经济圈、东海经济圈、胶东经济圈，了解我国经济发展的变化、各个经济带的特点以及技术创新等，提升学生的思维，拓宽眼界，了解中国的改革方向，现代经济增长的方式，互联时代下的人类衣食住行新形势与传统方式下人类生活下的对比，使学生保持与时俱进，带着发展的眼光看问题。

中国属于人口大国，占据了世界人口的1/4，人口基数大带来了充足的劳动力，生产大国、制造业大国，有限的资源应该被合理化地利用，课程教学中应培养学生“珍惜当下，合理运用，拒绝浪费”。学生要运用所学习的知识开发现有的资源、开发与保护海洋资源、生产出高产量的粮食与蔬菜，满足国人的需求，用知识维护祖国的权益、用忠诚与行动维护祖国的安全。

在经济快速增长的同时，带来了很多的负面影响：尾气排放造成温室效应、过度开采资源造成水土流失、沙漠化加剧，过渡的塑料使用造成海洋资源、生活垃圾的无法降解化等，这些都增加了地球的负担，造成了不可逆的影响。作为新时代青少年应努力学习科学文化知识，用知识建设祖国，用爱与行动维护祖国，为建设富强民族的社会主义现代化国家而奋斗终生。

综上所述，初中地理是学生接触中国文化、风俗、人文情怀、地理风貌的基石，教师应突破传统教学方式与内容的禁锢，标新立异汲取“信息化”下有用的内容与方式，融入现代教学中，走一条符合现代学生的教学之路，使学生在课程中学习地理知识，塑造正确的人生观，将所学习地理知识更好地融入生活，从而更好地建设国家。

（作者单位：天津市北辰区普育学校）

如何在小学体育教学中实施国防教育

张凤锁

强壮的身体是青少年保家卫国的根本前提条件，也是中华民族强大生机的主要表现。新体育新课程标准根据“健康第一”指导思想，把不同属性课程内容分成运动参与、体育技能、身体健康、心理健康、社会适应五个学习领域。新课程标准没有明确特定的课程内容与要求，为学校、老师与学生都留下很大的选择空间与发展机会。那么在新课程改革的趋势下该如何将国防教育知识渗入小学体育课堂教学当中呢？笔者现依据教学实践活动谈一谈做法。

一、国防教育的内涵

国防教育是指国家为了提防与抵抗入侵，抵制武装力量颠覆，维护国家主权统一与领土完整而面向全体人民进行的一种有特定服务宗旨与内容的普及化教育。国防教育归属于军队建设。

学校国防教育作为全面育人的基本教育，它涉及各个方面，内容比较丰富。它的主要内容有：(1)加强学生国防观念；(2)具有国防安全基础知识；(3)懂得必需军事技能；(4)培育爱国主义精神情感。

二、国防教育和学校体育之间的联系

(一)国防教育推动了学校体育的蓬勃发展

国防教育将国防和教育有机地结合在一起,而国防体育又是以教育为手段,以体育为载体得以实现。目前学校体育教学所进行的体育教学有一部分是源自军事体育,例如航海模型、航空模型、无线电测向和定向越野,这些内容不仅充实了体育教学的课堂,还提升了学生的身体素质和国防素养。由此可见,国防教育在推动学校体育发展中具有积极作用,两者是相互交融的。

(二)开展学校体育,有利于实现国防教育

学校体育是以学生体能体质为本,通过能力提升不仅让学生的体质得到提高,还能进一步培养他们自控能力、习惯养成等综合素质。想要实现上述育人理念,体育就是一个重要媒介。因此,体育事业发展和国防教育知识之间是相辅相成的关系。现阶段,学校体育工作只有与国防教育完成巧妙契合,改革创新多样化,才可以高质量助推国防教育目标达成。

三、国防教育视野中学校体育发展的搭建

(一)把国防教育知识根植于体育教学当中

一是进行队列体操训练培育纪律严明,一切动作听指令的风格,加强学生的集体主义意识。队列与体操队形不仅是学生身体姿势、空间知觉等方面的基础训练,而且是一类严格意义上的团体活动。它需要学生在通用

的口令中完成协调一致的行动，以培养学生严密的组织纪律性，充满活力的集体主义精神以及训练学生的快速反应、行动准确、相互配合等处事应变能力。因此，新生开学及新学期开始后，体育老师要有计划地加强军事训练工作，让学生形成站、走的好姿势、好习惯。在体育课堂教学时，老师也可以设置站岗、值勤等教学内容，使学生体会到站岗、操练和值勤的感觉。老师在学习过程中应根据课程内容，对学生进行国防教育。

二是开展跑步、跳跃、行走的技能训练，教学生锻炼身体，为健康成长作好准备。教师在教学过程中，要针对学生心理、生理的特点着重教授他们正确的走路、跑步、跳跃、投掷、登高的姿势与方法，以加强他们体能素质，使学生知道走、跑、跳、扔、登高都是保卫国家必须具备的最基本本领之一。练习的时候，有一些学生会形成畏难心理，例如担心受苦、担心跌伤、怯弱等，特别是跳远和跳山羊这种难度较高的动作，畏难情绪就非常明显。因此，老师要引导学生做规范的动作，让他们减少抵触情绪，培养克服困难的意志力，以及奋力拼搏、不怕吃苦的意志品质。

三是利用体育室内课对学生进行革命主义精神和保卫祖国责任感以及对于人民解放军的爱戴与尊崇等思想品德教育。体育课有的会遇到阴雨天气，教师可以利用室内课为学生讲一些著名的革命英烈、爱国英雄等，培养他们从小树立爱国之心，建立报国之志。

（二）寓国防教育知识于晨操、课间操

晨操、课间操作为学校一项长久的课余体育教学活动，能让学生时刻保持精神的丰富、心情的愉悦。老师要组织好晨操、课间操活动，要学生明白晨操、课间活动对增强体质有好的作用，只有身心健康了，长大了才能保卫国家。做运动前应借助《中国人民解放军进行曲》进入主会场，做动作要正确、有姿态、有律动；做了操以后，用军旅歌曲撤退。这不但可以完成做操，也可以让学生通过做操陶冶情操、得到锻炼。学校还可以利用开展

广播体操比赛来提升学生广播体操质量与学风的提升。

(三)将国防教育贯穿体育游戏当中

体育活动是学生喜欢的综合体育运动。老师应引导学生能主动参与体育游戏活动,主动设计多个军事体能训练游戏来渗透国防教育,如教会学生简单抢救方式等,培育负重奔跑水平,例如玩“支援前线”“翻过雷区”“护卫边防”这种游戏,不仅可以激发学生负重奔跑水平,还可以培养学生幽默诙谐、活泼开朗、团结互助、工作责任心强、乐观自信等优秀品格。

(四)加强国防教育学科教学的渗入工作,保证国防教育知识的质量

国防教育知识要渗入学校教学的各个领域,为推进这一目标,学校应用所设定的课程要求教师在授课时尽可能地挖掘国防教育知识要素,根据教学内容和教学理念,在潜移默化中主动渗入国防教育。例如,在学校语文课教学过程中,在爱国主义精神题材教授中,体现出了热爱祖国、爱党、爱军、爱社会的主义教育;让学生对伟大的祖国有更深一层的认知,以培养其爱国精神;科学课教学时要注意让学生明白科技进步对国防事业的重要性,培养他们保卫祖国、建设祖国的信仰;上体育课时,让学生严格遵守课堂规范,提升队列队形的水平,激发学生全面发展的观念,培养他们加强锻炼,增强抵抗力的意识。

(五)坚持社会实践,加强学生军训

每学年学生社会实践与军训活动都是学校国防教育知识重要的组成部分。学校依据每学年的具体情况,实行多种方式安排学生进行两次社会实践(通常是队列训练、常规训练及有序的游园活动),学生军训活动通常是中高年级(感受部队生活、普及国防知识和常规操练训练,历时一周),

学校组织这几项活动自始至终把开展国防教育工作和培育学生成长紧密联系起来，把培育学生的国防安全素养摆在首位。学校还会请来专业教官保障每次主题活动质量、学校精心安排保证各个环节专业化。多彩的活动不仅使学生体验军队生活，也使学生生活技能有所提高，在活动期间进行军体拳演练，受到广大师生及家长们的热烈欢呼。

综上所述，小学体育课堂教学渗入国防教育有许多种方法。老师应充分挖掘体育课程的教学资源并对课程内容进行精心策划。这不仅可以鼓励学生学习国防知识、掌握国防专业技能、激发潜能、培养能力、加强锻炼、强化纪律意识，还能够促进学校体育工作的开展。

（作者单位：天津市北辰区金艺小学）

依托有效数学活动培养学生空间观念

吴雪皓

空间与图形是小学数学学习领域的重要组成部分,它是创新精神的基本要素,是认识和描述生活空间并进行交流的重要工具。发展学生的空间观念是小学阶段的空间与图形教学中的主要目标之一。小学生的空间意识往往是在学习几何初步知识的过程中形成的,因此只有把培养学生的空间观念落实到课堂教学中去,帮助学生联系现实生活、动脑展开想象、设计有效的数学活动去探究,才能真正发展学生的空间观念。

一、联系现实生活,借助已有经验,建立感性认知

四年级上册"公顷""平方千米"的面积单位教学,学习之前学生已经学习了平方米、平方分米、平方厘米等常用的面积单位。知道了这些相邻的面积单位之间的进率是100,学生已经实现了一维空间观念向二维空间的迁移。但是在学习"公顷"这一面积单位时,学生的空间观念却很难建立:一是"公顷"与平方米之间的进率不再是100;二是概念中描述的"1公顷"在课堂上难以让学生感受到实际大小。因此在教学中教师要有效地借助学生已有的知识经验、利用学生已经建立起来的面积表象,再与他们熟悉的生活实际相联系,就能更好地帮助学生建立空间观念,感受较大面

积单位的大小。

生活经验的运用，只能让学生初步感知公顷和平方千米是两个较大的面积单位，它们比之前学习的平方分米、平方米这些常用面积单位要大得多。那究竟“1 公顷”“1 平方千米”有多大呢？它们之间有什么区别和联系呢？如何根据土地面积的大小去区分并使用这两个面积单位呢？这时合理有效地利用生活中的数学资源就能起到助推的效果，帮助学生在头脑中构建这两个面积单位的大小。

（一）对比空间大小，初步感知

例如在“公顷的认识”教学中，先利用身边的资源和借助学生已有的知识经验，帮助学生初步感知“1 公顷”的大小。

“1 公顷”大小的表象看似离学生并不遥远，学生在三年级下册对“1 平方米”的大小也有了一定的经验认知，但学生的认知还停留在相邻面积单位之间的进率为 100 上，这也为学生认知 1 公顷的大小造成了阻碍。

活动一：构建“1 平方米”的大小

让学生在操场中围成面积是“1 平方米”的正方形，在其中可以站满 16 名小朋友，学生对已有经验的冲击仍然很大，原来“1 平方米”可以站这么多人。唤醒学生对于 1 平方米大小的直观感知，为后续构建 1 公顷的空间观念打下基础。

活动二：直观对比，初步感知 1 平方米和 1 公顷的大小关系

趁热打铁，借助教材中 400 米跑道围起来的体育场的面积大约是“1 公顷”，把这站满 16 名同学的“1 平方米”的面积放到“1 公顷”的 400 米跑道围起的体育场面积当中，想象一下会是什么样子？这时通过空间的对比，学生感叹原来“1 公顷”这么大，“1 平方米”与“1 公顷”对比起来如此渺小，打破了原有相邻面积单位之间进率 100 的认知，从而“1 公顷”的大小在学生的头脑中形成了初步感知。

这个环节的设计通过生活中资源和学习中经验的运用，帮助学生对比感受到了“1 平方米”和“1 公顷”的大小，通过在实际生活空间中表象的大小比较，学生直观地感受到了“1 平方米”与“1 公顷”的差距，建立了“1 公顷”大小的感性认知。

（二）利用生活中的信息整合，建立表象

“1 公顷”大小的构建可以有效利用生活中的资源，毕竟学生身边有操场、公园这些可利用并能直观感受到的土地资源。那么“1 平方千米”这样较大的土地面积呢？很难找到有效的资源帮助学生直观感受，所以学生建立起“1 平方千米”的表象更加困难。如何让学生构建“1 平方千米”的大小空间感、如何区分公顷和平方千米这两个较大的面积单位是个难点。

这时将生活中信息资源进行整合，可以帮助我们解决这个难点。例如在“平方千米的认识”教学中合理运用身边地图导航这一资源，将信息技术手段与之融合，就能帮助学生更好地区分公顷和平方千米这两个面积单位，从而帮助学生建立平方千米这个单位的表象。

先让学生直观感受天津动物园在地图上的大小，体验天津动物园的面积用公顷这个面积单位足以表示，进而对比动物园的面积和整个南开区的面积，目的是感受公顷与平方千米这两个面积单位的区别，接着进一步比较动物园的面积与天津市面积在地图上的大小，这时学生会发现在天津市的地图上，动物园用一个点就能表示了，最后对比中国地图和世界地图，此时学生发现无法在地图上用肉眼找到动物园的面积了。同学们感叹，原来平方千米可以表示望不到边际的国土面积，公顷这个单位与之相比又渺小了很多。

利用生活中的信息资源，结合信息技术的手段，我们将两个面积单位的大小比较直观地放在了地图上，以平面的形式呈现在了学生眼前，将一眼望不到边际的国土面积呈现在有限的平面空间，帮助学生更直观地感受

两个较大面积单位的区别，对于平方千米这个面积单位的大小表象，学生初步建立了起来。

二、培养想象能力，构建空间大小，形成理性思考

小学生处在成长的发育期，对事物的了解和认识还不够清楚与深刻。教师应利用生活中的资源帮助学生更加直观感受面积的大小，还要培养学生的想象能力，在想象中构建空间大小，形成理性的思考。

在“公顷的认识”教学中，学生利用已有经验能自主掌握“1 公顷”大小的准确定义，教师进而通过自主探究活动，帮助学生合理去想象：“1 平方米可以站 16 名小朋友，那么 1 公顷可以站多少名小朋友呢？”进而先引导学生去探究发现“边长是 100 米的正方形里能铺满多少个边长是 1 米的正方形？”学生们通过探究先从正方形两个边着手，进而计算铺满整个面积是 1 公顷的正方形需要多少个面积是 1 平方米的正方形，在计算中得到了平方米与公顷之间的进率。从理性的角度在头脑中准确建立了“1 公顷”的大小。

通过给学生们创造开阔的想象空间，学生能自主探究出面积单位之间的关系，当学生们计算出了 1 公顷的面积大约可以站满 16 万小朋友时，这个数字不仅是对学生认知的冲击，也是学生通过想象、思考、探究、计算后得到的结论，这样的思考比起直观的对比呈现更加有深度、有数学的思维，学生对于“1 公顷”的大小也更加深刻。通过想象思考探究活动，学生构建起“1 公顷”空间大小的同时，对于“1 公顷”大小的空间认知也由感性转向了理性。

在“公顷的认识”和“平方千米的认识”这两节课的案例中，通过联系现实世界，借助学生的知识经验和生活经验帮助学生建立起了对于面积单位大小的感性认知，使学生感受到了公顷、平方千米这两个面积单位的大

小和关系。通过合理地展开想象，学生自主建构起了面积单位空间的大小，在探究、思考、计算后理性地计算出了面积单位之间的进率，并建立了面积单位的理性认知，最后又将理性的结论运用到实际生活中解决身边的问题。通过这样一系列的设计，学生经历了“感知—构建—形成”空间观念的过程，空间观念就在这种感性和理性的认知中悄然形成。

（作者单位：天津市北辰区金艺小学）

小学校本阅读课之诗词拓展方法研究

姚　瑶

一、问题提出

诗词是中华民族一份宝贵的文化遗产，以其深邃的意境、生动的形象、凝练的语言、丰富的内涵和独特的表现手法，在中国文坛上独树一帜，传唱千年不衰。《全日制义务教育语文课程标准》中明确强调在语文教学过程中，要让学生“认识中华文化的丰厚博大，吸收民族文化智慧”。其中，小学1—6年级学生背诵古今优秀诗文110篇(段)，并在附录中列出《优秀古诗文背诵推荐篇目》75篇，比例逐步加大。而当前，课内诗文少，不能满足学生诗文积累的需要。对于课外的古诗，除非老师、家长要求，学生进行被动识记，学生并没有对诗词表现出很高的积极性。再加上由于没有专门学习时间，学生难以养成诗词阅读习惯。

为使学生增加诗词阅读量，培养诗词阅读的兴趣和习惯，学校和教师应对此展开深入研究，从教学实际和理论指引中探寻能够潜移默化地培养小学生诗词阅读习惯、拓展小学生诗词阅读量的有效方法，使学生乐读、善读诗词，最终能在积累大量的诗词语言精髓的基础上，充分汲取古诗文的精华，得到古文化的浸润，从而丰富自己的语言，形成一定语言感知能力和情感表达能力，使学生的文化底蕴日益丰厚。

二、概念界定

诗词是指以古体诗、近体诗和格律词为代表的中国古代传统诗歌。诗词是阐述心灵的文学艺术，而诗人、词人则需要掌握成熟的艺术技巧，并按照严格韵律要求，用凝练的语言、绵密的章法、充沛的情感以及丰富的意象来高度集中地表现社会生活和人类精神世界。诗源自先秦，鼎盛于唐代，词源自隋唐，流行于宋代，在现代，诗词仍然深受普通大众青睐。

小学生阅读诗词应基于不同的年龄阶段特点，对诗词有较为浓厚的阅读、诵读和积累兴趣，有主动阅读诗词的意识和习惯；能够理解诗词表达的内容和思想，进一步体会作者的写作背景、写作意图和写作方法，掌握诵读诗文的方法、读出自己的体会和感情。

三、理论依据

儿童心理学理论指出儿童诵读文化经典符合儿童心理发展的特点。儿童在0—13岁，尤其是6—13岁期间诵读的文化经典会进入潜意识，刻在灵魂深处，会伴着其心智一同长大，变成其身心的一部分。所以应趁此时其加强记忆，既训练了他们的记忆能力，又让其随着年龄的增长，阅历丰富，对文句能够做到渐渐领悟乃至触类旁通，从而有所收获，为健康成长打下基础。通过经典诵读让学生有更多丰富的智力活动。诵读经典古诗文让学生感受先贤智慧和情怀，找到自己的精神家园，同时也丰富了学生的知识结构，让学生得到更好发展。

四、小学生诗词阅读现状

（一）小学生缺乏主动欣赏和积累诗词的兴趣

对于小学生来说，诗词较之其他文体离学生生活较远。学生在课堂上会接触到课文中少量的诗词。很多教师为了让学生学得扎实，往往会在课堂上采用填鸭式教学，把诗词掰开揉碎了“喂”给学生，再加上课后的不断检验、巩固，使学生在压力下被动识记，久而久之便丧失了阅读诗词的兴趣。

（二）语境、押韵的字词难懂、音变、句式不理解

诗词不同于学生通常阅读的记叙文、散文等，它的内涵丰富、语句凝练，但不易理解。尤其是古诗词有很多的通假字、古今异义及押韵的字词、音变、句式变化、所处时代背景、语言环境等，小学生知识经验较少，理解能力有限，很容易造成阅读困难，影响阅读速度和数量、效果。

（三）不主观背诵，遗忘速度快

兴趣是最好的老师。小学生学习兴趣高涨了，学习效果才能好。对于诗词的阅读也是如此，如果学生逐渐丧失阅读兴趣，死记硬背也只是短时记忆，没有深入理解诗词就会造成快速遗忘，并未真正积累下来。

（四）诗词阅读量少，拓展少

阅读教学以往都集中在记叙文、散文等文体上，由于学生被动识记、课内诗词量少等原因，学生的诗词阅读习惯易被忽视。课内诗文少，如果教师想要带领学生拓展诗词阅读，只好占用语文课的时间，原本就不够用的

课时明显不能满足教材的教学和拓展诗文教学的需求。如果课内阅读时间少，教师就向课外时间要质量。

五、小学校本阅读课诗词拓展方法

为了激发小学生诗词阅读兴趣，让他们在潜移默化中养成独立阅读诗词的能力，更好地拓展积累诗词，笔者基于实际诗词阅读拓展的教学经验，总结了一套行之有效的小学生校本阅读课诗词阅读方法，具体做法如下。

（一）教师示范、引领

由于小学生的学习能力、语言表达能力有限，教师有必要进行示范讲解。教师示范可以在学期初第一次和第二次阅读课时进行。教师应注意要尽量在前几次的示范讲解中利用多种方式激发学生的诗词阅读兴趣。比如：让学生有感情地朗读，设置悬念并有激情地讲述诗词背后的故事，引导学生想象诗词中描绘的画面，通过各种影音资料展示诗词相关内容，诗词选择贴近学生生活且较为符合学生生活和学习经验等。教师可以教给学生讲解流程和方法，方便学生自己进行模仿讲解。当学生遇到讲解困难的时候，教师可以先启发他，给他一定的思考和准备的时间。

（二）学生准备、讲解

美好的事物是所有人都有权欣赏的，"学生讲解诗词"活动倡导全员参与，让每一个学生都参与其中。很多教师由于担心后进生不能很好地完成讲解任务，常常只让优秀的学生替代后进生讲解。这样剥夺了后进生主动深入感知诗词的机会，也不利于培养学生的自信心。教师可以考虑采用按学号轮流讲诗词的方法，保证每一个学生都参与到活动中来。当然，对于不同学习程度的学生，教师应采取相应的指导帮助，但绝不可包办代替，把话语权还给学生。

学生利用互联网可以提前查找一首自己喜欢的诗词。诗词体裁内容不限，只要是自己感兴趣的，最好是没有在课上学过的，能讲解清楚就可以。同时学生可以利用放学时间或者晨读时间，提前把诗词写在黑板上为其他学生节省了课上抄写在诗词积累本上的时间。

学生在正式讲解的时候，可以先从解诗题入手，再讲授诗词中难理解的字词解释、整首诗词的翻译、作者生平简介、写作背景、推荐理由、精彩赏析等。在讲解的过程中，其他学生可以随时对不明白的地方进行提问，讲解加提问计划用时15分钟。在学生对诗词有了深入理解后，学生有5分钟的朗诵、背诵的时间。主讲学生可利用最后的5分钟对全体同学进行有感情朗读及背诵指导。

（三）师生评价、检验

1. 激励评价

一些学生可能由于性格或语言表达能力等原因造成讲不下去的情况。这时老师要对学生予以尊重理解，不要强迫他们把内容讲完整，同时对他们敢于登台给予肯定小学生能够认真准备、勇敢讲解，就是对自己的锻炼和突破。所以教师要以激励为主，重点表扬他们善于发现诗词中的美好、乐于阅读诗词、认真准备等方面，教育要注重过程性评价，淡化终结性评价。保护学生在诗词讲解中的自豪感，培养诗词阅读兴趣，树立诗词阅读的自信心，面对较为新鲜的诗词阅读内容时敢于合理推断含义、大胆想象，加强对诗词阅读的直观感受，进而培养良好的语感。

2. 多样检验

为巩固诗词讲解成果，教师可以通过引导学生互相出题、教师随机抽查、个人和小组为单位的诗词朗诵大赛、诗词默写大赛、诗词知识大赛、餐前诵读、家长回家检查背诵等多种方式去检验学生的诗词积累效果。学生们会在每个学期结束的时候,把自己的诗词积累本交由老师进行评价。老师则把听讲认真、批注得当、字迹美观的诗词积累本在全班范围内进行展示。学生们还会把自己查找的诗词汇集交给小组长,再由小组长把本组积累的诗词汇集到学委处。这样全班一学期积累的古诗就会积累成册,并以电子文档的形式留存下来。

(四)“校本阅读课诗词拓展阅读”实施效果

仅六年级某班学生一学年就识记诗词 170 多首,可随意指名背诵,能说出诗词大意及大致写作背景,诗人写作风格、写作特点等相关内容,诗词拓展积累质量较高。“晨读半小时自主讲诗词法”还激发了学生诗词阅读兴趣,很多学生开始主动读诗甚至是国学经典来读,语言能力发展较好的学生在语感的驱使下开始主动写诗,一学年全班人均写诗两首。

笔者以此方法为依托,在中高年级其他班级中也进行了“校本阅读课诗词拓展阅读”的实验研究。同样,中高年级的学生在讲台上也能像老师一样绘声绘色地讲解诗词,更贴近学生的语言,无论是诗词阅读数量还是质量都远远超越了之前传统的诗词教学模式,这种浸润式的诗词阅读方法降低了频率和难度,以期让他们从小收获美好的诗词语言。

(作者单位:天津市北辰区普育学校)

整合课程资源，优化课堂教学
——以小学英语低段教学为例

姜仪萱

俗话说：“兴趣是最好的老师。”“玩中有学、学中有玩”。爱玩是孩子的本性。小学英语教育是一种启蒙，对于小学低段的学生，要把重点放在培养学习英语的兴趣上，如果他们对英语感兴趣，在学习的过程中就会以积极的态度来对待学习，从而能更快地融入其中。反之，如果一味地单一教学，可能会让孩子会处于一种消极状态。

三年级的学生开始尝试学习 26 个英文字母，而单纯的认读、记忆和反复拼读练习对小学生来说比较乏味，如果教师不在教法上多做文章，学生是不会感兴趣的。因此，笔者采用了“字母操”的形式，比如将 26 个字母进行相应的改编，大 A 双手合上方、脚叉开，小 a 圆脸辫子长；大 B 掐腰又弯腿，小 b 腿弯手垂放；大 C 两臂像月亮，小 c 单手虎口张；大 D 肚子圆又胖，小 d 单腿弯着长等。

小学英语教学的对象是儿童，《小学英语新课程标准》中指出小学英语教学的目的是激发学生学习英语的兴趣。小学生刚学习英语时，是充满好奇且兴趣浓厚，但随着时间的推移，学习难度和深度的不断增大，学生们学习英语刚开始的那股新鲜劲和热情以及学习兴趣渐渐消失了。

笔者充分利用他们的这一特点，将多媒体与教育相结合利用多媒体可以把英语词汇生动形象地展现给孩子们，不仅将课堂教学生动化，而且充分尊重孩子们的特点即“在乐中学,在学中乐”。

一、巧用多媒体,激发学生的兴趣

兴趣是学生最好的老师。在课堂中,如果能提高孩子的学习兴趣,那么一节课的教学任务就有了保障。布鲁纳曾经说过学习最好的刺激就是对所学教材的兴趣,而英语词汇教学成功的前提,离不开学生以内产生学习兴趣。

低年级的学生非常喜欢在轻松的学习氛围中唱歌、表演、做游戏,那么如果能把这些环节自然而然地加入教学环节中,这样的方式无疑会激发他们的兴趣,从而轻松完成教学目标。在三年级上册有关小动物词汇的教学环节中,笔者将这些有关动物的单词重新整合,并在书上所展示歌谣的基础上进行了相应的改进,在节奏感更明显的歌谣下,加上了一些肢体动作,增加了单词记忆的趣味性。心理学家发现,语言习得在第一次学习时愈好、愈深、愈透,也就愈不容易忘记。因此在词汇教学中,教师从呈现单词开始,就要给学生留下一个深刻的印象。

如:在介绍小鸟的英文单词 bird 时,可以加上手部挥舞翅膀的动作;小猫 cat 的动作,可以将双手的五指伸开,做胡须状;小兔 rabbit 可以蹦蹦跳跳,等等。这样的环节不仅能活跃课堂的气氛,还能调动学生学习的热情,最终能在“快乐模仿中”记忆单词。

二、善用多媒体,激活学生的思维

将信息技术与课堂教学相互融合,这种方式打破了以往教学空间与时间的局限性,把词汇与视觉、听觉、语言有效地结合在一起,对发展学生的思维能力起到了较好的作用。

新课程标准提倡任务型教学模式，“任务”简言之就是“做事”，在多媒体设备的辅助下，这种方式有利于激活学生的思维，培养综合运用知识的能力。

孩子们的创造力是无限的，教师可根据适合的教学内容设置相应的教学任务，引导学生借助多媒体完成任务，并在完成任务的过程中培养学生的合作创新意识，从而转变他们的思维方式。

陶行知先生曾经说过：“先生的责任不在教，而在于教学生学。”教师要有好的教法，更要教给学生好的学法。通过实践，笔者认为可以从设计有趣的教学任务出发，如创设“神奇”的任务，有利于激发学生学习的兴趣和主动参与的欲望。在教授有关颜色的内容时，信息技术的应用，让教师免去了在黑板上只能呈现单一的颜色或是根据有限的彩笔呈现出简单的色彩，也让学生免去了无趣无色的单调。笔者用电脑设计了一个学生熟悉的调色盘，上面出现了各种鲜艳的色彩，这时学生利用多媒体可以互相讨论并在调色盘上点击不同颜色，让它们互相混合，从而又得到新的颜色。

学生们纷纷发挥想象力，尽可能把已知的两个或多个颜色混在一起产生新的颜色。用电脑给调色盘变色并能随时调整所需的颜色，在操作环节不断地重复所学有关颜色的单词，很好地将学习与知识百科结合在一起，激活了学生的思维方式，开动大脑。这样的方式既能锻炼学生的动手能力，又能提高学生的自信心，发展了学生的思维和想象力。

三、妙用多媒体，拓展学生的视野

在传统的教学中，教师通过书本、图片、录音机等有限的方式进行教学，而先进的信息技术的应用改变了这种单一而传统的教学方式，从而将广泛的资源应用到课堂教学中去。这样，教学内容得到了不断地拓展，而且还能不断地开发、利用丰富的教学资源。同时学生可以做到足不出户就可以了解国外的知识与文化,拓展视野,了解中西方文化的差异。

例如:在介绍我国传统的节日——春节时,可以通过多媒体呈现出我国不同地区是如何过春节的,各地的风俗习惯有哪些。这样做是为了让学生更全面地了解我国的悠久历史和代代相传的风俗习惯。

与此同时利用多媒体展示国外的节日——圣诞节。通过一段短片,让学生初步感受不同国家不一样的风土人情。同时向学生讲述虽然我们来自不同的国家,但是我们是朋友,都是地球村的一员,彼此之间都应相互尊重、互相关爱。在本课知识目标落实的基础上,合理地对学生进行恰当的情感教育,树立了相互尊重与关爱的理念,自然地升华了情感。

作为一名小学教师,在研究教材的基础上,还要从小学生自身的特点出发,要让学生学好单词,落实词汇教学的基础,教师要充分发挥自己的创造性,优化教学过程,讲究新的教学艺术,创设出不同形式的活动来激发学生学习英语的兴趣,使他们每个人的学习才能得以充分发挥。

总而言之,随着教育信息化的发展,它无疑将是信息化时代中占据主导地位的课程学习方式,必将成为未来学校教育教学的主要方法。因此在当前我国不断推进教育现代化、信息化的大背景下,倡导教育信息化,对于学生信息素养的培养以及创新和实践等各项能力都有着十分重要的意义。我们不但要看到教育信息化对教育活动的重要影响,同时在这种大趋势下,教师应不断充实计算机信息技术知识,更新教育理念,完善自身的知识结构,跟上时代的脚步,将教育与信息技术不断融合,最终将教育信息化的实践推向更高的水平。

(作者单位:天津市北辰区普育学校)

第二章

全面育人——构建优化课程体系

本章讨论构建德、智、体、美、劳全面发展的各学科课程体系。它像四通八达的江河一样覆盖在“五育并举”课程理念土地之上，连接起学校环境、校内外教育教学活动，包括课程内容、课程目标、课程实施、框架结构，课程实施形式等不同方面。

五育并举，德育优先，课程育人
——普育学校德育课程体系的构建

李珍莹

1930 年 9 月，前国务院总理温家宝的爷爷温瀛士先生受同乡、教育界前辈温世霖的影响，成立温氏私立普育女子小学，即普育学校。“普”，即普适和普及；“育”，即教育、培育。学校恪守“勤劳、真实”的校训，发扬“普惠民众、育成良才”的办学理念，坚持“做有责任的教育者，培养有责任的下一代”的教育理念，坚持做“真实德育”。通过认真研读《中小学德育工作指南》《国家课程标准》，结合学校班级数、在校学生数较多、当前家长及学生对德育的关注度不高、德育工作包罗万象等问题，总结以往育人过程中的经验、教训，紧跟时代步伐，在当前“双减”“五育”背景下，守正创新，探索德育工作的途径和方法，为增强德育工作的有效性、时效性和系统性，构建了适合学校学生发展的德育课程体系。

一、德育为先，五育并举

遵循德育为先，坚持育人过程的德育主导性，处理好五育并举和德育优先的关系，协同五育并举，从而共同达成五育目标。德育优先是五育并举的基础和前提，决定着育人的方向、内容。德育在育人过程中无处不在，融合、渗透在学校各个学科的教育教学活动中，通过五育并举整合家庭、学校、社会教育资源，构建完整的德育体系，使学校德育与其他教育教学课程、活动相结合，将德育融入各项教育教学中。

二、课程育人，守正创新，做真实德育

（一）做真实德育

德育，往往被认为是空泛枯燥说教，缺乏吸引力。学校德育工作可谓是包罗万象，内容碎片化现象严重；德育教育实施主体较为单一；家长和学生对德育的重视和关注不足等，要想将德育工作落到实处，就需根据学生的规律，从学生的成长需要出发，根据不同年龄段的认知特点，丰富和创新德育课程。

课程是学校育人的主要载体。当前德育课程尤其需要能够感染学生，丰富内容、创新形式，以增强德育课程的吸引力。将“说教”为“实践”，突出德育的“有趣”性。

（二）优化德育内容，实施“有用”德育

学校尝试开展主题大单元情境德育课程，从学生身心特点出发，调整学校德育课程体系。结合学校具体情况，总结出德智体美劳“五育”并举的课程，如升国旗仪式课程、志愿服务课程、主题班会课程、跑操课程、诵读课程，文明就餐课程、自主管理课程、劳动实践课程、生命教育课程等，涵盖了学生良好品德形成和行为习惯养成的各个方面。

主题大单元情境德育课程是指“以德育为先导，各科协同”的一种以体验、探究为主的实践型课程。它突破学科界限、延伸课堂时空，是一种能够延伸至自然、社会、生活的开放性课程。学校将主题大单元情境德育课程作为学校德育活动开展的主要途径，并善于挖掘社会时事的德育资源，

保证德育工作不脱离社会生活的大环境，将德育内容生动化。确立德育主题后，学校以年级组、学科组为单位展开专题研究和讨论，推动课程实施，形成学科协同，做到因科制宜、发展为先。

1. “思政引领，培根铸魂”

林崇德教授在对核心素养的持续研究中特别强调了社会责任素养的关键作用，认为它是价值观素养的重要内容，是实现学生个人发展和社会发展相统一的预测指标。中国学生发展核心素养总体框架以全面发展的人为根本出发点和归宿，构建了主体性、社会性、文化性的三大领域（见图1）。

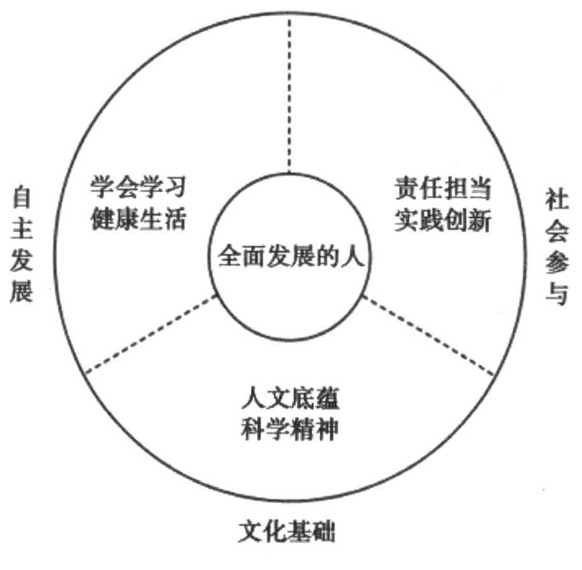

图 1　中国学生发展核心素养总体框架

因此，学校始终坚持思想引领、培根铸魂。通过观看“万里长征 百炼成钢”“感动中国人物颁奖典礼”“德育课堂”等，传承中国精神，树立正确榜样，并举办各类主题实践活动。

2021 年“百年筑梦 我心向党”我型我秀我猜系列学党史主题活动、2022 年“喜迎二十大”系列主题活动，在活动中让学生读、写、画、唱、讲、演。如在党史学习活动中，党史学习长廊，在六一主题活动中“猜猜英雄人物”活动最受欢迎，竞猜兑奖排起了长队；在“党史人物扮演”活动中，学生们也是兴致盎然，扮演得惟妙惟肖。在“回首旧岁展风采，筑梦新年望未来”新年明信片画作征集，在班级对联书写活动中学生们也各显身手。展现这一个学期的学习收获。学生们还一起用纸箱制作了邮筒，变废为宝。随着“双减”政策落地，学生们除了课本知识外，也在漫画、插画、硬笔书法、创意美术等社团中增长了技能和知识。“双减”让学生们有了更多的时间拓展兴趣爱好，实现德智体美劳全面发展。

图 2、图 3　丰富多彩的社团活动

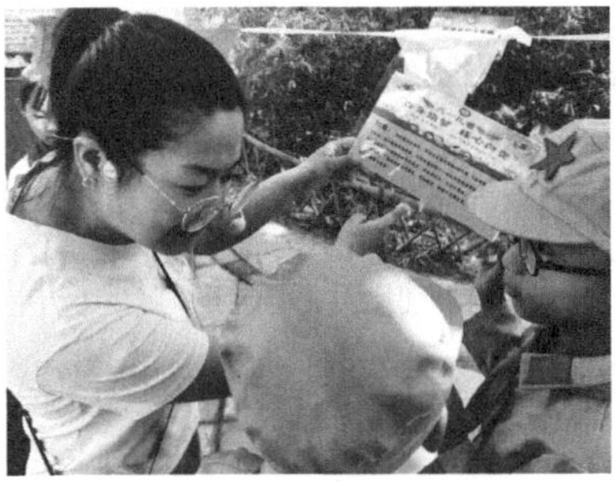

图 4 至图 7　丰富多彩的社团活动

学校校史馆为市级爱国主义教育基地，为了帮助入校新生了解校史、校情，增强他们的归属感、认同感和自豪感，由学校“红小宣”们进行志愿服务讲解校史馆，培育学生的爱校情怀。

此外，线上德育同样要有实效。2020 年线上学习期间，在“学雷锋”活动中，线上向学生介绍雷锋的事迹及雷锋精神的回顾，结合抗疫英雄的事迹，由学生们自己录制倡议视频，并通过视频“We Are All Fighters”讲述抗议与每一名公民的关系，感染学生，营造氛围，进而请同学们宣誓，并推荐相关拓展阅读链接、征集作品。有学生就在活动后主动告诉老师希望学校能多组织这样的活动，让他更深刻地理解了雷锋精神的内涵，自己想做一名小志愿者，做自己力所能及之事。

2. 敬畏劳动、热爱劳动

劳动不仅丰富了校园文化生活，还能营造积极向上、健康文明的校园氛围。我学校从学生真实生活场景出发，从班级卫生区、校劳动实践基地、“小厨房”社团、家庭劳动作业、社区垃圾分类宣传员、劳动小能手展示等活动中体现出来，再从社会、学校、家庭三个层面进行具体操作。学校通过深挖具体的劳动情境与生活连通，与社会联结，引导学生形成敬畏劳动、热爱劳动的真挚情感。劳动既能体现人的价值，又能帮助学生在劳动中塑造健康体魄。

此外，美育在德育活动中无处不在，如在国庆节“地图秀”活动中，学生们选择感兴趣的方面绘制地图，或用歌声、演奏、手工等表达自己的对祖国的热爱。

图 8　学生边看玉兰花边做诗

又如春暖花开，学生参观学校的玉兰树，写下一首首小诗，表达对大自然、对校园的热爱。养蚕展示活动中，除了一个个小小讲解员为大家讲解、解答疑问，还有古筝相伴，缫丝展示，十分有趣。

心理健康教育与美育、体育也是可以完美融合。通过绘制心情来表达情绪、疏解情绪，通过运动和亲子运动，既能疏解情绪，增加体内积极激素的释放，又能增进亲子关系。

（三）改革评价模式，打造“有效”德育

主题大单元德育课程的评价更注重展示性评价。展示活动为学生提供了一个发现自我、充实自我、展现自我的舞台，是充分展示全体师生智慧的一种形式，能够满足学生多样化、个性化的学习需求，提升学生的校园生活质量，让学生能够在活动中学习，在活动中感悟，在活动中释放。普育教育集团通过建立“红领巾争章”评价激励体系，不断增强少先队员的光荣感和使命感。随着德育课程体系的落实，学校在区千分制考核中获得了一等奖。今后学校会继续挖掘、丰富、完善德育课程，让每一名学生都能够成为新时代好少年。

（作者单位：天津市北辰区普育学校）

试述普育学校课程体系构建的思考与实践

李广鹏

普育学校秉承“勤劳真实”的校训，发扬“普惠民众育成良才”的办学理念，以培养“身心健康、志趣高雅、能服务、有责任感的阳光自信少年”为育人目标，根据学校特色和学校的办学理念形成了具有地域特色的校本课程。

一、课程结构设置与实施办法

普育学校通过不断探索和努力，以“立德树人”为根本任务，结合学校的育人目标和办学特色，形成了学校特色的课程体系，课程体系主要由德育课程和校本课程两大方面呈现，其课程结构和实施办法从以下几个方面体现。

（一）德育课程校本化：保证育人质量

普育学校在遵循国家教育方针、育人目标的前提下，根据学校所在区域的地域特点、经济发展状况、学校办学思路，确定了具有普育学校特色的育人目标。普育学校为指导全体教师开展育人活动，落实学校育人目标，制定了《普育学校德育课程标准》。

1. 课程理念相同：服务育人目标，身心健康发展

普育学校德育课程基本理念有以下三个方面：

第一，帮助学生过积极健康的生活，以做好学生、好孩子、好公民为核心。

第二，学生的生活是课程的基础。

第三，课程的基本原则是坚持正确价值观的引导和学生独立思考、团队合作、积极实践相统一。

2. 课程思路一致：全面育人，逐步提高

课程设计遵循以下思路是有效整合道德、心理健康、法律、国情等方面的内容。普育学校课程从学生的生活实际情况出发，满足学生发展的需要，落实普育学校育人的目标。身心健康、生活志趣、学习能力、服务意识、自信乐观是普育学校德育课程的五大内容板块。

(1)普育学校德育课程的内容目标

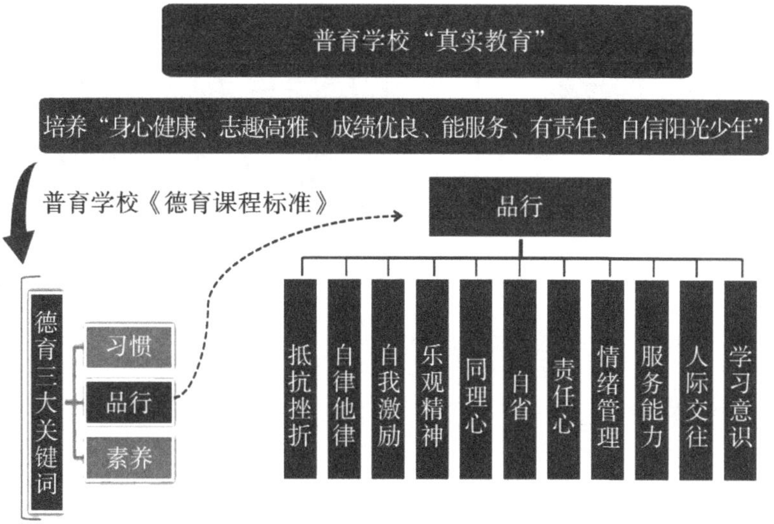

(2)普育学校德育课程的实施原则

普育德育课程原则是在体验参与中快乐成长，在小组合作中感受团队

精神,用意义引领行为习惯。

(3)普育学校德育课程的设计框架

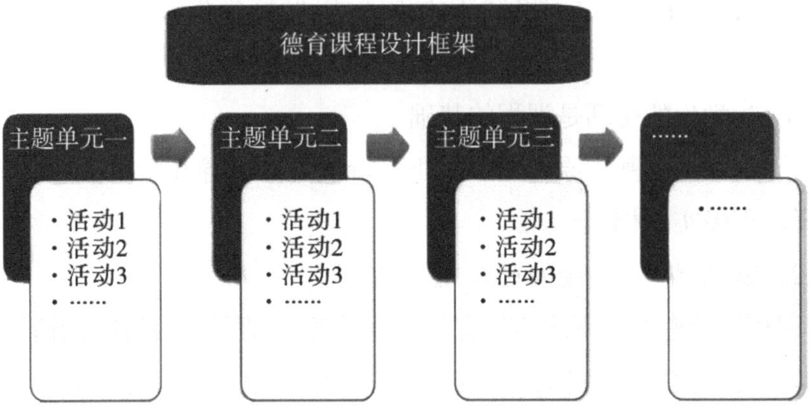

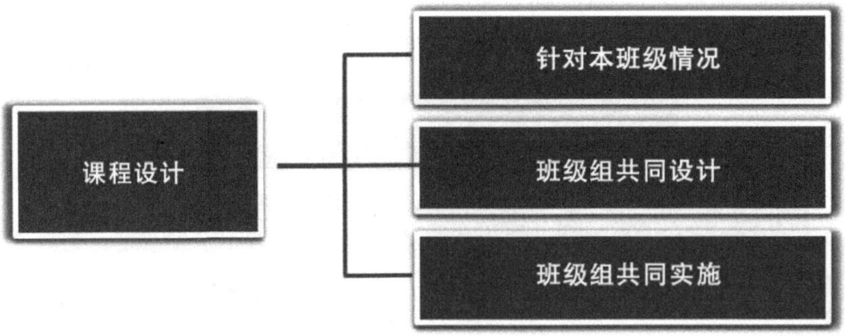

3. 课程全员实施

（普育学校德育课程的实施形式）

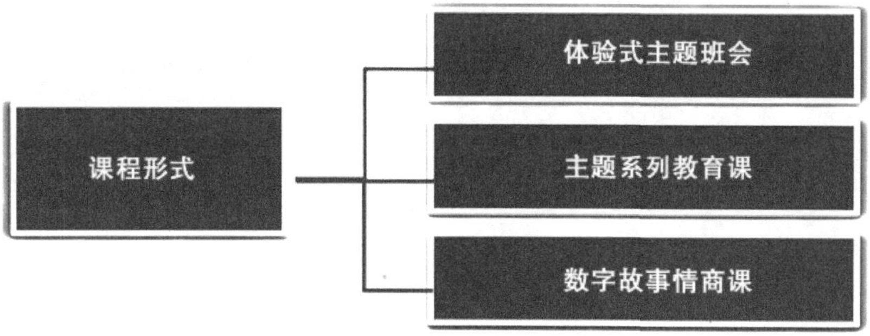

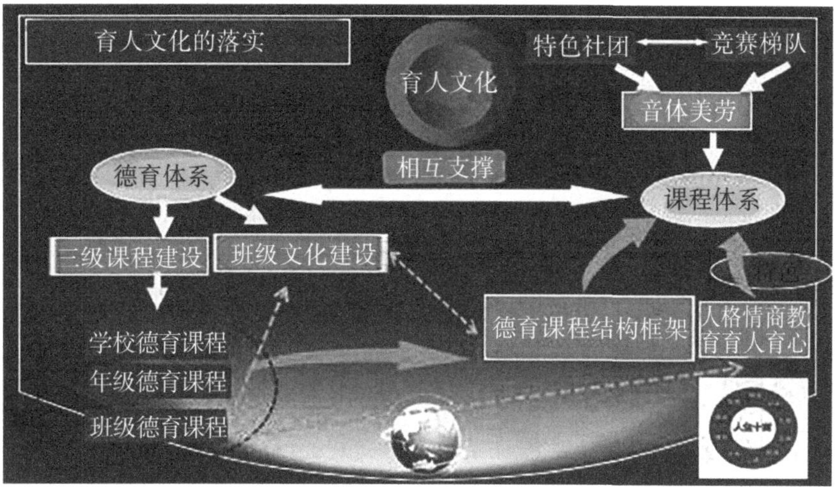

（2）校本课程建设：满足学生个性发展需求

在积极构建整体课程体系的同时，分序列化、分层递进式地打通课程，满足不同学生发展的个性需求。探索出了以“基础类、活动类、拓展类、探究类”四大领域的近百门（类）小课程和社团。

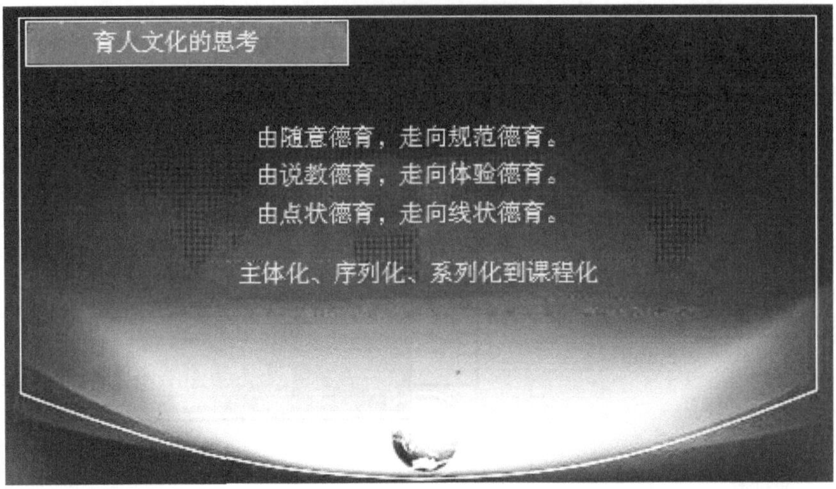

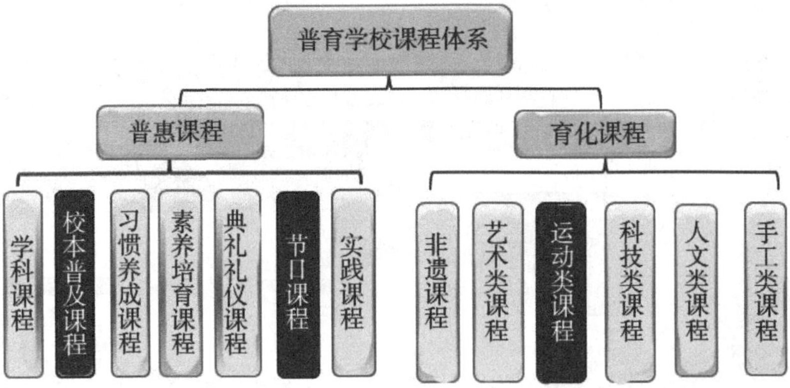

1.“普惠类课程”：循序渐进，逐层落实

普惠类课程属于必修类。这类课程有学科素养课程、校本普及课程、素养培育课程、典礼仪式课程、节日纪念课程、社会实践课程六大种类。

以学科素养课程中的拓展类为例，小学开设有以培育“人文情怀、审美情趣、乐学善学”三大素养为核心的语文活动课：如讲故事，古诗朗诵，课本剧；这与课程素养培育目标一致，但阶段目标要求不同，小学高段要比低段高。

“普惠类课程”设置：

表 1　1—6 年级(小学阶段)核心素养

普惠类课程				
			1—6 年级(小学阶段)	核心素养
学科素养课程	国家课程	人文学科	语文、英语	人文积淀、人文情怀、审美情趣
		自然科学	数学、科学	理性思维、批判质疑、勇于探究
		艺体类	体育与健康、美术、音乐	珍爱生命、审美情趣、乐学善学
	拓展课程	学科拓展	语文活动课：讲故事、古诗朗诵、课本剧	人文情怀、审美情趣、乐学善学
			数学活动课：数学趣味小故事、七巧板、魔方、24 点、数独游戏	理性思维、勇于探究、问题解决
			科技活动课程：机器人、航模、科技馆游学	技术运用、社会责任、勇于探究
校本普及课程			餐前诵读	人文积淀、人文情怀、审美情趣
			午间习字	审美情趣、技术运用、人文情怀
			绿色阅读	人文积淀、人文情怀、信息意识
			益智棋类	批判质疑、勇于探究、问题解决
习惯养成课程			“五四三二一”习惯养成课	健全人格、自我管理、勤于反思
			生活习惯课	健全人格、自我管理、勤于反思
			学习习惯课	自我管理、乐学善学、健全人格

续表

普惠类课程			
		1—6年级(小学阶段)	核心素养
素养培育课程		班级文化课程	人文情怀、乐学善学、健全人格
		主题班队会课程	国家认同、国际理解、珍爱生命
		全员管理类	社会责任、自我管理、劳动意识
		情商课	健全人格、自我管理、勤于反思
		家校共育课程	社会责任、自我管理、劳动意识
		小组建设课程	自我管理、乐学善学、健全人格
		“夸夸赞赞”课程	珍爱生命、审美情趣、乐学善学
		全员自助餐	自我管理、社会责任、健全人格
典礼仪式课程	全校性典礼仪式	开学典礼	人文情怀、乐学善学、健全人格
		毕业典礼	人文情怀、勤于反思、健全人格
		期末结业	人文情怀、勤于反思、信息意识
		校庆等	人文积淀、人文情怀、社会责任
	年级性典礼仪式	新生课程	珍爱生命、自我管理、理性思维
		入队仪式	国家认同、国际理解、社会责任
		退队仪式	人文情怀、勤于反思、健全人格
节日纪念课程		艺术节	审美情趣、珍爱生命、信息意识
		体育节	珍爱生命、健全人格、技术运用
		游戏节	健全人格、乐学善学、勇于探究
		传统节日	人文积淀、勤于反思、国家认同
		读书节	人文积淀、审美情趣、国际理解

续表

普惠类课程		
	1—6 年级(小学阶段)	核心素养
社会实践课程	基地实践	劳动意识、珍爱生命、健全人格
	远足活动	劳动意识、珍爱生命、健全人格
	春秋游	珍爱生命、劳动意识、健全人格
	安全演示	珍爱生命、问题解决、社会责任
	公益活动	社会责任、健全人格、劳动意识
	祭扫烈士陵墓	国家认同、人文积淀、国际理解

与此同时,保持"形散而神不散"的原则。在普育教学文化作为强有力的支撑基础上,将本校的教研体系+课堂体系扎实落实。

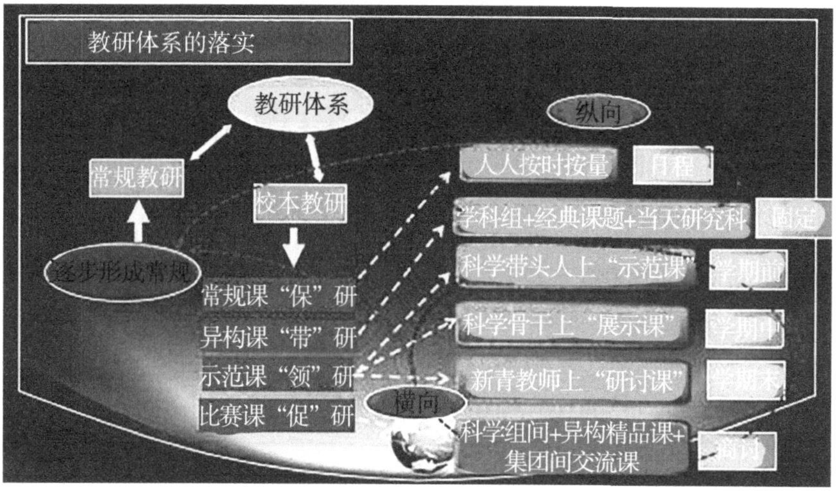

2."育化类课程":目标分段,形成链条

育化类课程主要目的是培养学生兴趣爱好,以形成高远志向,树立成长自信,属于选修类课程。学校充分挖掘天津资源、宜兴埠资源、社区资源、家长资源、校本资源,先后开设具有民族特色、宜兴埠乡土特色、普育特色的非遗校本课程。其中民族舞蹈、武术、京东大鼓、书法、农民画、剪纸、

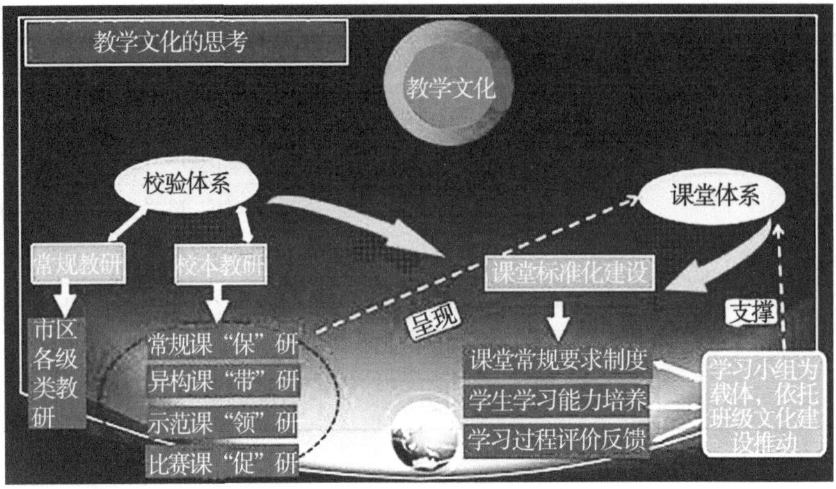

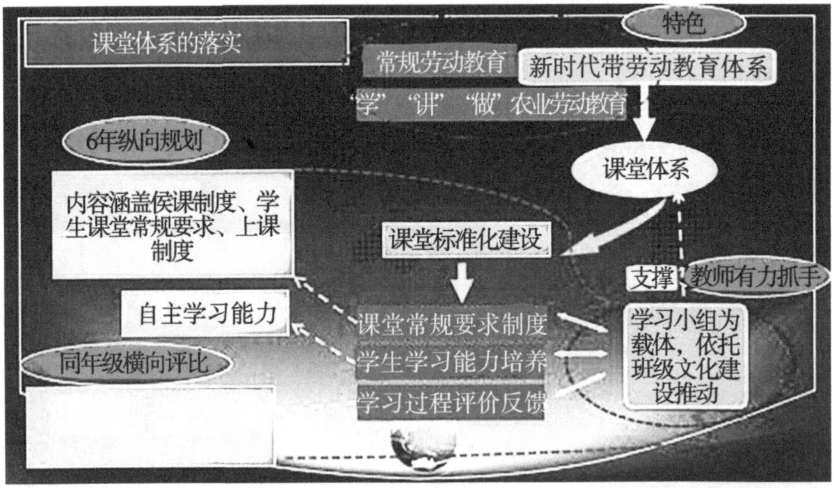

京剧脸谱等课程，已经成为校本课程对外宣传的品牌。如普育学校“育博”游学课程，立足综合实践课程要求，小学低段以玩为主，目标层次是趣味性，培育好奇心和探索欲；小学高段的目标层次重在体验，并将体验内化于心，浸润学生的人文历史情怀，同时梳理责任意识和服务意识，这也与核心素养的要求是相吻合的。

“育化类课程”设置：

表2　1—6年级(小学阶段)核心素养

普惠类课程			
		1—6年级(小学阶段)	核心素养
非遗类课程		手工类：中华剪纸	技术运用、劳动意识、审美情趣
		曲艺类：京东大鼓	技术运用、劳动意识、审美情趣
		武术类：中华武术	技术运用、劳动意识、审美情趣
		舞蹈类：民族舞蹈	技术运用、劳动意识、审美情趣
艺术类课程	美术书法	国画	人文积淀、审美情趣、健全人格
		素描写生	人文积淀、审美情趣、健全人格
		卡通画	人文积淀、审美情趣、健全人格
		儿童画	人文积淀、审美情趣、健全人格
		沙画	人文积淀、审美情趣、健全人格
		衍纸画	人文积淀、审美情趣、健全人格
		钻石画	人文积淀、审美情趣、健全人格
		布贴画	人文积淀、审美情趣、健全人格
		创意美术	人文积淀、审美情趣、健全人格
		硬笔书法	人文积淀、审美情趣、健全人格
		软笔书法	人文积淀、审美情趣、健全人格

续表

普惠类课程			
		1—6年级(小学阶段)	核心素养
艺术类课程	音乐表演	民乐团	技术运用、审美情趣、健全人格
		鼓号队	技术运用、审美情趣、健全人格
		歌舞剧团	技术运用、审美情趣、健全人格
		曲艺团	技术运用、审美情趣、健全人格
		合唱团	技术运用、审美情趣、健全人格
		表演唱	技术运用、审美情趣、健全人格
		校园剧社	技术运用、审美情趣、健全人格
		葫芦丝组	技术运用、审美情趣、健全人格
		古筝组	技术运用、审美情趣、健全人格
		服装模特队	技术运用、审美情趣、健全人格
		主持人培训	技术运用、审美情趣、健全人格
		啦啦操	技术运用、审美情趣、健全人格
		吉他	技术运用、审美情趣、健全人格
		舞蹈团	技术运用、审美情趣、健全人格
		舞蹈基础	技术运用、审美情趣、健全人格

续表

普惠类课程		
	1—6年级(小学阶段)	核心素养
强体类课程	篮球	技术运用、劳动意识、健全人格
	足球	技术运用、劳动意识、健全人格
	排球	技术运用、劳动意识、健全人格
	跆拳道	技术运用、劳动意识、健全人格
	田径	技术运用、劳动意识、健全人格
	国际跳棋	技术运用、劳动意识、健全人格
	中国象棋	技术运用、劳动意识、健全人格
	五子棋	技术运用、劳动意识、健全人格
	武术	技术运用、劳动意识、健全人格
	跳绳	技术运用、劳动意识、健全人格
	花键	技术运用、劳动意识、健全人格
科技类课程	机器人	理性思维、批判质疑、勇于探究
	四驱车	理性思维、批判质疑、勇于探究
	航模	理性思维、批判质疑、勇于探究
人文类课程	杨柳青年画	人文积淀、审美情趣、健全人格
	泥人张	人文积淀、审美情趣、健全人格
	舞龙舞狮	人文积淀、审美情趣、健全人格
手工类课程	腰鼓	技术运用、劳动意识、健全人格
	京剧脸谱绘制	技术运用、劳动意识、健全人格
	十字绣	技术运用、劳动意识、健全人格
	编织	技术运用、劳动意识、健全人格
	陶艺	技术运用、劳动意识、健全人格
	农民画	技术运用、劳动意识、健全人格
	刻纸	技术运用、劳动意识、健全人格

（三）课程建设与核心素养相融合

普育学校的课程体系在普惠课程和育化课程的理念下还与核心素养相结合，每个课程的设立都体现出对学生核心素养的培养，下面就学校的课程设置与核心素养结合进行简单的介绍。

普育学校课程建设着力于六点：

一中心：学生的良好品行；

两个着力点：课上、课下；

三个层级：课程的空间维度、课程的服务体系、学生的发展维度；

四个合力：学校顶层设计、教育资源整合、师生自主开设、学科专业研发；

五个理念：创新、协调、绿色；

六个维度：人文底蕴、科学精神、学会学习、健康生活、责任担当、实践创新。在这六点的共同作用下课程体现了核心素养的培养。

（四）课程实施与日常课堂结合

在课程实施方面，普育学校开设了班会课、研究课程、校本课程和社团堂课程，具体时间内容如下。

班会课：每周一下午第一节课：单周进行校会课程，双周进行体验式班会课程。

研究课程：每个年级每周一节主要进行学科拓展类的课程，如数学活动类课程，每个年级根据学生的知识基础和认知规律开设相应的课程。

校本课程：每周固定一节课进行读书类活动。

社团课程：每周五下午三、四节课：非遗类及其他各项艺体类、文化类课程均在二课堂进行，学生自愿申报，个别社团需进行考察和选拔。

其他时间：每周的升旗仪式，每天的午餐午休时间均进行相关的课程学习，周六周日进行部分非遗课程的学习和艺体类的学习。

二、形成特色的课程评价机制

（一）评价目标

校本课程的评价目标是记录和查验学生达成学习目标的维度，提高育人质量，保证课程目标的达成，使评价成为促进教师教学、学生全面发展与提高的有效手段。

（二）评价方式

课程评价：二课堂的活动每个学期末会进行相应的展示，根据课程展示的内容给予相应的等级，评选出优秀的校本课程。

教师评价：教师在学生进行充分展示的基础上，以学习过程为依托，用描述性的语言将学生在校本活动中的表现，如态度、能力和行为等写成评语，并针对存在的问题提出改进建议，评语要具体，有内容。

学生评价：学生对于课程学习后，自己进行自评，学生间进行互相评价。

学期末会根据相应课程的学习，对于突出学生颁发普育之星，学校一年一度的非遗课程文化展示更是搭建了孩子展示与家长沟通的桥梁，通过文化展示活动将精品课程展示给外界，更是对孩子成长的肯定。

（三）评价实施要求

1. 评价要客观、公正，要准确记录和描述学生的学习状况和各方面文化发展状况，调动学生学习的积极性。

2. 评价不仅要重视结果，更要注重发展、变化和过程，要把形成性评价与终结性评价结合起来，突出形成性评价。要注意给予学生足够多的机会展示他们的学习成果。

3. 要重视学生、教师和家长在评价过程中的作用，使评价成为学生、教师、家长等共同参与的交互活动，使评价过程成为促进学生和教师共同发展的过程。

（四）特色化评价机制

学校结合学生在课程学习中各个方面的表现制作出学生综合素质评价报告，全面评价学生在各个课程呈现的能力和水平。

三、课程资源合理开发和有效利用

（一）课程资源开发原则

1. 根据教学目标的需要，开发、选择一切可以利用的课程资源，为实现教育目标服务。

2. 尽量组合不同类型的资源，将文本资源、音像资源、实物资源等结合起来，使学生深入理解课程内容。

3. 鼓励和指导学生参与课程资源的开发，重视对学生自身资源的开发，使学生的参与过程和生活体验成为课程资源的重要组成部分。

4. 根据学校实际情况，重视对本土资源的开发和利用，发挥本土资源的优势和独特价值。

5. 课程资源的开发和利用要服务于教学内容，充分发挥课程资源的效能，避免盲目性和形式主义。

（二）开发原则下对教育资源、社会资源开发和利用的效果

1. 挖掘“非遗”——落实项目与师资

2. 优化课程体系，提高办学品味

3. 结合地域特色，聘请名师，发扬“非遗”文化

普育学校“非遗”文化课程结合地方资源分别聘请了天津市京东大鼓正宗传人郭世阳先生、北辰区民间剪纸艺术家赵德宝、宜兴埠武术家何凤阳等，共开设武术、花毽、京东大鼓、剪纸、民族舞蹈、农民画、传统曲艺（快板、数来宝、相声）等非物质文化遗产精品班。

4. 挖掘内部教师，发挥一岗多能

普育学校鼓励教师一岗多能，挖掘学校内部教师，支持教师多学习开拓自己的眼界，并在学习后开设自己的特色课程，老师们不仅可以和学校聘请的名师交流学习还可以学习喜好的内容并开设相应的课程，如今一些原有的“非遗”课程不只由聘请的专家开设，还有本校的老师一起传授知识并不断学习，一些老师们自创的课程如烹饪、油画、布织布等同样受到了同学们的欢迎和家长的一致好评。

5. 发挥网络媒体资源，传承“非遗”文化

四、有力的保障机制确保校本课程的实施

学校除了拥有优秀的教师团队，有力的后勤条件也为课程的开展和实施起到了保驾护航的重要作用。

（一）充足师资队伍，保证课程的开展

学校设立“一岗双职”制度，鼓励每一名教师在其常规教学任务之外，还要承担一门社团的教学任务，学校每学期对社团进行评比、考核，根据评比等级，给予教师相应的奖励。这样可以提高教师们的积极性，不断挖掘自身潜力，打造一个个精品社团。

(二)教室合理使用,创造课程的环境

为了保证学校艺术课程的顺利开展,学校利用图书馆装饰成具有传统特色的“非遗大厅”,将非遗课程的成果向师生进行展示,成为学校的特色和亮点。学校图书馆每学期接待参观来访近千人。

(三)严格的管理制度,监督课程的实施

为了便于体现教师和学生的主观能动性,学校完善了评价制度。“一岗双职”制度鼓励教师承担社团活动任务,每学期对成果进行评价,根据等级给予赋分,这种评价制度在教师考核中占有较大比例。学校经常外派教师参加相关课程内容的学习,保证教学质量。

对于学生,学校制订了学生评优体系。要求每一名学生都要参与社团活动,根据考勤、纪律和成果给予学生评价,参与社团情况是学校评选三好学生的重要条件。对于有突出贡献的学生,学校将举行仪式活动进行表彰并大力宣传,增强学生荣誉感和自豪感。

(四)良好的后勤保证,服务课程的建设

学校总务处是学校一切活动后勤保障。学生参与社团活动,不交纳一分钱。小到学生的乐器,大到教室的设施,每个月总务处都要进行检查、维护一次,确保社团活动顺利开展。

课程建设要立足校本,充分挖掘、优化和整合一切资源,服务于育人要求。课程领导力不仅表现在课程规划能力,更重要的还表现在课程整合力和扎扎实实的执行智慧。作为教育工作者要尊重教育规律,敬畏孩子的成长规律,敬重每一方“圣土”,保证每一块“田地”都能绿荫繁茂,春华秋实。

(作者单位:天津市北辰区普育学校)

浅谈幸福教育理念下的课程体系建设

侯金霞

“幸福教育”的终极目标是提高师生追求和创造幸福的能力，为终身幸福奠定基础。幸福课程既要关注学生当下的快乐成长，更要关注学生将来的人生幸福；即着眼于全体学生全面和个性的发展，又着眼于教师专业才能的发挥。因此学校应从学生发展、教师发展、课程建设发展出发，确立了学校幸福课程的目标，提出在课程的实施与开发中，做到以师生为主体，以人的发展为核心，以培养创新精神和实践能力为目标，充分利用学校现有的教学特色以及丰富的资源优势，为学校发展、教师专业发展、学生个性发展提供新的舞台，全面落实素质教育，促使师生共同发展，幸福成长。

一、以文化阐释课程内涵

金艺小学以天士力集团为依托，开发出以重要文化为特色的重要课程，基于此，我们选取富有代表性的一味中药“荷花”作为课程文化符号，构建“小荷花”课程。

荷花种类很多，分观赏和食用两大类。其出淤泥而不染之品格为世人称颂。荷花“中通外直，不蔓不枝，出淤泥而不染，濯清涟而不妖”的高尚品格，历来为诗人墨客歌咏绘画的题材之一。

学校的课程建设要回答“为谁培养人”“培养什么人”“怎样培养人”的三个问题。金艺小学课程建设紧紧围绕“立德树人”这一根本目的，以“小荷花”为文化载体，充分挖掘荷花的精神品质，培养孩子要有“出淤泥而不染，濯清涟而不妖”的高尚品格。要有“一莲出九药，药效各不同”人生追求。要五育并举，培养德智体美劳全面发展的社会主义建设者和接班人。

二、“小荷花”“一二三五八”幸福课程体系

基于以上背景分析和理念指导，我们构建了金艺小学“小荷花”“一二三五八”幸福课程体系。

一个核心：立德树人。

两个支点：荷之品格；荷之实用。

三大领域：学生类、教师类、家长类。

五项指标：德、智、体、美、劳五育并举。

八大课程：重要文化课程等。

学生幸福教育课程

	1—6年级(小学阶段)	核心素养
校本阅读课程	背诵古诗	人文积淀、人文情怀、审美情趣
	声律启蒙	人文积淀、人文情怀、审美情趣
	绘本阅读	人文积淀、人文情怀、审美情趣
	餐前诵读	人文积淀、人文情怀、审美情趣
中药文化课程	中药进校园小课堂	人文情怀、乐学善学、健全人格
	寻味百草园	健全人格、自我管理、劳动意识
	健康八段锦	人文情怀、乐学善学、健全人格

续表

	1—6年级(小学阶段)	核心素养
数学活动课程	美丽的七巧板	人文情怀、乐学善学、健全人格
	神奇的魔方	人文情怀、乐学善学、勤于反思
	“伤脑筋”的数独	人文情怀、乐学善学、勤于反思
	有趣的数学史	人文情怀、乐学善学、社会责任
	课间智力挑战	人文情怀、乐学善学、健全人格
学生健康成长课程	欢乐的课间活动	健全人格、自我管理
	小小午睡吧	健全人格、自我管理
	心理健康小讲座	健全人格、自我管理

三、“小荷花”“一二三五八”幸福课程设置

金艺小学积极构建适宜学生全面健康发展、教师积极成长、家庭和谐融洽的“小荷花”幸福教育课程体系，分层逐级打通课程满足孩子、教师、家长的不同需求。探索出了“学生类、教师类、家长类”三大领域的8大课程。特别是“中药”进校园活动，让中药文化课程成为金艺小学校本课程的核心。

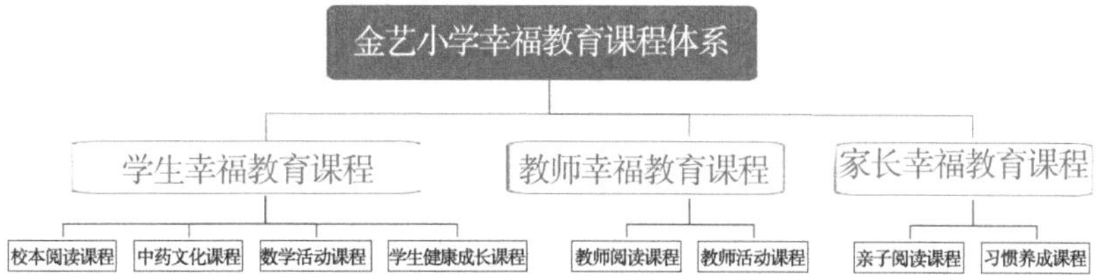

（一）五育并举，注重学生全面健康成长

学生“幸福教育”课程为校本核心课程，此课程分为四大课程内容：校本阅读课程、中药文化课程、数学活动课程、学生健康成长课程。

1. 校本阅读课程——校园充满了读书声

校本阅读课程注重对于中国古诗文的了解和诵读，除了古诗外，声律启蒙的诵读帮助学生了解古代的文字文化和语声语调，让学生在读书中读出韵律、读出韵味。绘本阅读结合家庭校本课程，让学生和父母共读绘本亲子阅读，营造良好的家庭阅读氛围，帮助学生增长知识，丰富阅历，养成良好的阅读习惯。餐前诵读更是帮学生建立了自信心，在读书中增强了自信。

2. 中药文化课程——了解祖国文化，孕育健康身心

中药文化课程是学校的核心课程，“中药进校园”小课堂真正将中药知识引进课堂形成学校特色的校本课程，也成为北辰区特色的劳技课程，在课堂上讲解简单的中药知识，帮助学生了解简单的药理，会辨认常见的中药，亲手制作具有药用价值的香囊，感受中国中医文化的博大精深，中药课程已经成为学生们最喜爱也最实用的校本课程，他们通过学习中药课程了解了我国悠久的历史，也懂得了身心健康的重要性。

3. 数学活动课程——感受数学历史，发展思维能力

数学活动课程也是学校特色课程之一，通过数学历史的学习帮助学生对数学产生浓厚兴趣，增长了知识。如七巧板的拼摆锻炼了学生对于图形的认知，魔方课程锻炼学生动手能力和思维发展，数独课程让学生们对数字更加敏锐，此外增设的课间数学思考，让学生在掌握国家类课程学习的同时，拓展思路、锻炼思维、勇于创新，在数学活动课程的开展下学生的手和脑得到了锻炼，思维能力得到了提升。数学魔方课备受学生喜爱，用魔方代替了手机，每天无论是在学校还是在家都是魔方不离手，使得课余生

活更加健康。

(二)注重教师身心健康,在快乐的环境下开心工作

学校重视学生身心健康的同时更注重教师身心健康发展,教师阅读活动帮助教师增长阅历和知识,和学生一起养成良好的读书习惯,读书分享会更是思想的碰撞、教师自信能力的锻炼和培养。

教师幸福教育课程

	1—6年级(小学阶段)	核心素养
教师阅读课程	集体阅读	人文积淀、人文情怀、审美情趣
	读书分享	人文积淀、人文情怀、审美情趣
教师活动课程	教师体育活动	健全人格、乐学善学、自我管理
	心理健康教育	健全人格、自我管理
	健康八段锦	人文情怀、乐学善学、健全人格

四、以课程评价体系支撑课程

学校的每一项课程都有对应的评价机制,以学校的校本阅读课程为例,就印发了特色的校本阅读手册。从必备古诗、经典诵读、亲子阅读打卡三个方面进行打卡的评价机制,涉及生生互评、师生互评的形式,家长也能及时查看亲子阅读的进度,真正达到了全面评价。

表5 家长幸福教育课程

	1—6年级(小学阶段)	核心素养
亲子阅读课程	亲子阅读	人文积淀、人文情怀、审美情趣
	读书分享推介会	人文积淀、人文情怀、审美情趣
	亲子读书体会作品展	人文积淀、人文情怀、审美情趣

续表

	1—6 年级(小学阶段)	核心素养
习惯养成课程	21 天习惯养成打卡	健全人格、乐学善学、自我管理
	我为父母做件事(不同节日不同主题)	健全人格、自我管理
	入学亲情教育	健全人格

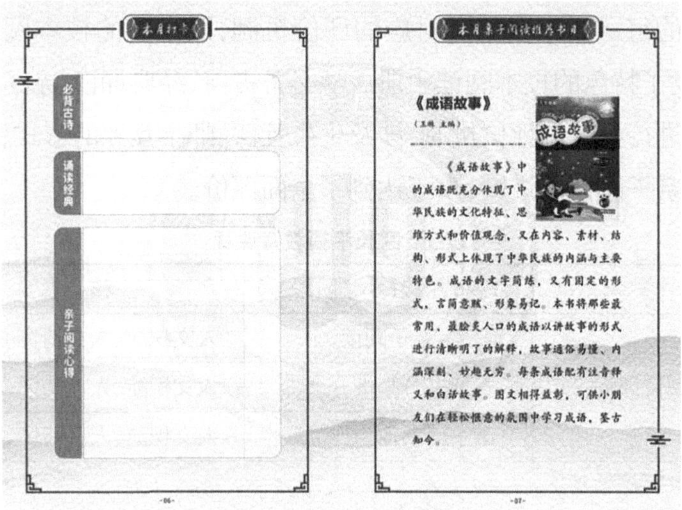

课程建设要立足校本，充分挖掘、优化和整合一切资源，服务于育人要求。“小荷花”幸福课程教育不仅表现在课程规划能力，还表现在课程整合力和扎扎实实的执行智慧。孩子们很单纯，教育很简单。教育人要尊重教育规律，敬畏孩子们的成长规律，敬重每一方“圣土”，保证每一块“田地”都能绿荫繁茂，春华秋实。

（作者单位：天津市北辰区金艺小学）

双减政策下学校体育改革的思考

唐　俊

2021年7月，中共中央办公厅、国务院办公厅印发了《关于进一步减轻义务教育阶段学生作业负担和校外培训负担的意见》，并发出通知，要求各地区各部门结合实际认真贯彻落实。如何在小学义务教育阶段让“双减”政策有效落实，是当今小学教育全体教师应该重视的问题。本文正是在此背景下，探讨双减政策下体育改革的问题。为了适应当代教育发展的需要，学生体育素质教育摆在了重要的地位，同时体育教学也是教育改革的一项重要举措。特别是在当今小学教育中，体育教育扮演着越来越重要的角色。分析学校体育教育中创新教育的重要性来探讨小学体育教育的提升，其目的在于提升小学体育教学有效性，为小学生学好体育知识奠定坚实基础，促使他们将综合素养提升到新高度，满足新课改提出的教育新要求，进而提升小学生的综合素质能力。

一、体育活动的重要性

（一）体育活动能够提升学生体质

学生的学生身体素质正是需要提升的时候，在这个阶段正需要进行适量的体育活动,从而增强学生的身体素质。学生身体素质提高了才能更有精力学习,拥有一个健康的身体。学生,尤其是低年级学生在长身体的过程中需要进行适量的运动,促进身体的发育,保证机能正常的新陈代谢。体育教学对于当今义务教育的启发是巨大的,体育是学生教育的重要组成部分,现代的素质教育中认为体育能更好地促进学生想象力的发展,体育兴趣的培养能促进学生的体育水平、提高学生的综合素质。

(二)体育能改善学生身心健康

体育活动是学生的体育活动,体育教师应设计适合学生的体育活动。体育活动除了能增强学生的身体素质,还能够提高学生的心理素养;体育活动能拓宽学生的视野,让学生的大脑运转更加灵活,从而适当放松学生身心。让学生在放松的环境中学习提升学习兴趣。

(三)体育能促进学生多元化发展

体育活动对学生的身心发展至关重要。传统的体育教学模式较为单一,很多小学生提不起上课的兴趣,他们普遍认为体育课就是一种敷衍,而多元化体育教学模式是有效的教学手段,不同于传统的体育教学,它能够通过多种手段激发小学生的运动兴趣,让小学生真正全身心地投入体育课程中来。多元化体育课程教学模式可以根据场地、环境以及教学手段的不同进行灵活调节,如通过举办兴趣比赛、游戏、模仿的方式等,让学生真正爱上体育课程。因此,体育教学模式是小学生体育教学的重要手段,是小学生体育课程理论与实践之间的有效桥梁,对小学生的体育活动培养起着重要的作用。

二、双减背景下学校体育改革的对策

(一)提升双减观念,加强体育教学

小学教育是每个学生享受体育教育权利的有力保障。城市的学生到了合适年龄都能及时得到教育,促进学生身心健康、全面、和谐的发展。环境是基础,没有一定户外和室内场地、体育器材等,小学体育教育是无法进行的;场地器材如果没有达到一定的规格,学生的生命安全将受到威胁。而人的环境是保障,没有教育管理者重视,小学体育教育经费将失去渠道,体育教育所需的物质条件不能得到满足;没有体育教师及其专业化水平,小学体育教育质量将成为空谈。当前可以通过对人们进行宣传和教育,改善小学体育教育中人的环境,然后通过人的环境作用于物的环境,从而优化小学体育教育环境。

(二)开展多元化体育教育活动

学生上体育课的方式比较单一,上体育课只是跑步,学生习惯了散漫的体育课堂氛围,一下子学习全新的内容会让他们产生逃避的情绪,因此教师应采用新型的教学方式展开教学工作。只有不断完善小学体育教育教学的手段,才能打破当前小学体育教育停滞不前的局面,重拾小学生对于体育教育的喜爱,教育的多元化有很多方式,通过多元方式,让学生参与到体育教育的角色中来,也能让学生加强对体育重要性的认知。

教师可以通过游戏的方式让学生了解更多知识,还不会有枯燥感和乏味感,加深对体育的了解,同时也不会排斥上体育课,让学生转变之前对体育的错误认识,学习更多相关知识,对体育学习感兴趣。

(三)提高小学体育教师专业水平

小学体育教师需要提升专业化的水平,专业化不仅要有身体各个方面的发展目标,还要有心理各个方面的发展目标;不仅要求体育课程目标,还要有户外活动、早操活动、体育活动区活动等目标。

(四)有效落实体育比赛项目

小学体育教育,归根到底,是要提升领导对体育教育的重视,只有从小学开始强化体育教育的重要性,教师加强体育教育的效果,才能使小学体育教育有所提升。学校应该为学生设置体育比赛项目,特定的体育比赛能够激发学生的热情,如:在高中之间设置篮球赛或者排球赛,在小学之间设置班与班的体育赛事等。还可以设置小学与小学之间的联谊赛,通过联谊赛能够增强学生之间的互动,让学生对课间体育更加积极。随着体育教学改革的不断深入,小学体育教学也越来越受到重视,体育不仅是小学各个年级的必修课,而且小学在体育教育上也下了功夫。体育不仅能提升学生的身体素质,而且能够有效改善学生的心理素质。学生学习压力较大,通过体育活动能够有效缓解学生的学习压力。

总之,当前小学体育教育尚存观念缺失、教师专业化水平不高、欠缺完整的评价体系等问题,这些已经影响了小学体育教育应然性。积极推进小学体育教育的进程、优化小学体育教育能使上述问题得以改善。当前,小学体育教学还存在些许问题,为了提高小学生体育水平,解决上述问题势在必行,而解决问题的首要条件为了解问题的原因,因此,小学体育教师需要对上述问题展开系统研究,实施多样化教学、有效落实评价体系,来实现既定目标。增强对体育教学重视程度,首先要认真对待体育教育,不要因为教学主体是学生就简单地应付,正是因为小学生是主体,教师讲解的知识他们欠缺辨识能力,才要积极地培养小学生对于体育教育的认知,强化体育教育的重要性,从根本上加强小学生对体育的爱好与兴趣。

(作者单位:天津市北辰区普育学校)

立足课堂落实“双减”，提高体育教学质量

李友华

中共中央办公厅、国务院办公厅于2021年7月下发了《关于进一步减轻义务教育阶段学生作业负担和校外培训负担的意见》（简称“双减”），到目前为止，双减政策在小学教育当中呼声最高的就是音、体、美。作为一直以来的“副科”，体育与其他的科目略有不同，体育学科作为提升学生身体素质和锻炼学生意志必不可少的内容之一，在教学中占有重要的地位，虽然部分学校之前更看重其他学科发展，但“双减”之后，体育也从五育中走到了核心的位置，在“双减”落实的过程中，从“小学科”到“大学科”的转变，成为即将担任教育重担的重点学科。作为体育教师，在这强烈的呼声当中，应该反思当前体育教育的育人路径，分析体育教育在“双减”当中起到的价值，分析体育教育应当如何担当起育人的重担。这不仅仅是短期内体育教育如何回应“双减”政策落实的要求，同时也是未来体育甚至很长一段时间内的改革方向。体育教育一直在不断努力实现自己的价值，成为发挥以体育人、以文化人、以体强国、以健强国等诸多价值的不竭动力。

要想在“双减”政策背景下真正凸显小学体育教育育人的价值，切实提高小学生的身体健康和身体素质，落实“双减”政策立德树人的根本要求，小学体育教师在开展教育的过程中仍然不可懈怠。

一、树立科学意识，促进全面教育渗透

随着双减政策的不断落实，而作为小学体育学科，应当结合学生当前的心理发展要求及体质发展要求，切实做好体育教育和心理健康教育的协同发展，在体育教育当中渗透心理健康教育，为学生体质健康和心理健康一体化发展增砖添瓦。

对小学体育教育来说，虽然没有过多的超负荷，但是仍然要在体育教学中培养和锻炼学生的意志品质。例如教师在教学的过程中可以结合学生身体素质检测的结果，将学生的身体综合素质分层，结合不同层次学生身体素质最近发展区的实际情况，有针对性地提升和教学，针对体质综合能力较强的学生可以适当增加力量、速度方面的训练内容来提升学生的综合素质；针对体质薄弱的学生，则主要以增强体质，提高能力为主。其次，在体育教学的过程中，教师要促进学生全面的发展，不仅要以学生的身体素质提升为主，同时还要配合学生的提升，例如合作能力、社会交往能力、抗压能力和坚强的意志品质。

二、完善课程内容，增强体育育人价值

针对当前小学体育课程内容较为单一的情况，无论是从学校层面还是从教师层面而言，都需要尽力完善奇迹体育课程的内容，以增强体育教育的价值。结合小学生的身心发展特点以及身体素质提升要求，结合当前双节政策在小学教育阶段的落实情况，笔者认为应当从以下方面来完善体育课程的内容：

“双减”背景下，为小学生的课后延时活动的开展提供了条件，体育教师可以结合学生对体育兴趣的情况，积极开展相应的社团活动。学校体育

社团是小学课后延时服务的重要环节，教师为学生创设社团活动平台，学生可以结合自己的兴趣选择活动项目，尽量满足不同学生的要求，为学生提供广阔的体育锻炼空间。

其次，小学体育教师可以适当设计跟踪式的体育作业提高学生的身体健康，“双减”政策的落实并不意味着学生要懈怠，而是不要基于之前“唯分数论”的引导，促进学生全面发展的途径，虽然小学阶段对体育作业和体育作业设计没有过多的要求，但是学校和体育教师可以将学生的时间充分利用起来，设计校内或校外的体育作业，既能够缓解其他科目的学习为学生带来的心理压力，同时又能在锻炼的过程中提高学生的体质健康，而在跟踪作业完成情况的同时能够有效起到监督作用，慢慢引导学生养成锻炼的习惯，促进学生终身体育意识发展。

三、丰富活动形式，激发体育活动兴趣

“双减”政策背景下学生体育运动的需求不仅体现在课上的育人同时，还体现在学生课后延时服务的形式多样上，而作为小学体育教师要在课外丰富学生的活动形式。首先，教师可以为小学生组织多样的体育竞技比赛，体育竞技在一定程度上能够锤炼学生的意志品质，这不仅是学生展示自我的平台，同时还是学生发扬体育精神、勇于突破自我的竞技场。虽然小学生的自主发展意识在不断完善，但是通过相应的比赛活动，提高学生的竞争意识、培养学生良好的心理品质，帮助学生树立正确的价值观，培养学生勇于失败、接纳自我、坚持不懈的优良品质。

四、家校协同育人，培养学生健全人格

在“双减”政策背景下，小学体育教育的开展离不开家校协同育人的支持和帮助，课外体育活动作为小学生课内体育活动的重要补充，在长期实施的过程中容易忽略，而在“双减”政策背景下，体育教育的重要性逐渐凸显，校外体育活动也备受重视。尤其是疫情时期，很多小学生居家学习，体育活动主要在家庭内或者在社区内开展，家庭和社区在学生体育教育和体育锻炼中起到不可忽视的作用。现在，教师依然可以将校内体育活动和校外体育教育相结合，达到协同育人的目的。例如，教师可以指导家长选择为学生提供锻炼的体育俱乐部，尤其是针对学生之前参加过的兴趣班或者是已有基础的学生，参与体育俱乐部不仅能够满足学生体质锻炼提升的要求，同时还能够发展学生的体育兴趣，学生在参与体育俱乐部的过程中还能交到很多好朋友，体育俱乐部能够为学生设置不同难度和级别的赛事来培养学生的心理品质；另外在家庭体育教育当中，教师可以指导学生参与社会的体育竞技和活动比赛，例如社区趣味运动会、区级长跑比赛等，家长可以陪伴小学生共同参与到活动当中，最终的目的并非拿到可观的成绩，而是让学生在在参与比赛活动在中享受到快乐，在不断参与体育锻炼过程中提升自己的体质，帮助小学生建立健全的人格，提升小学生的社会交往能力和团队合作能力。

“双减”政策背景下，体育教育的重要作用和价值正在逐渐凸显，虽然“双减”政策给小学体育教育带来了发展的机遇，但是当前小学体育教育发展及改革仍不完善是体育教师面临的挑战，在“双减”政策落实面前，小学体育教育应当如何通过改革创新担当起育人的重要责任，真正落实以人为本和全面发展，实现体育教育的育人价值，这是小学体育教育综合性价值追求。

（作者单位：天津市北辰区金艺小学）

基于《道德与法治》课的学生理性思维培养

朱春艳

在小学德育工作的前沿阵地中，利用《道德与法治》课程，对锻炼小学生辨别是非的能力、改变狭隘的思想及树立正确的价值观等理性思维培养，有着重要而深远的影响。

一、育人是人类进步的原动力

“十年树木，百年树人。”出自春秋时期管仲的《管子·权修》：“一年之计，莫如树谷；十年之计，莫如树木；终身之计，莫如树人。”意思是：做一年的打算，最好是种植谷物；十年的打算中，最好是种植树木；终身的打算，最好是培育人才。因此，这句话说明人才的培养是大有裨益的国家大计。后人用这句话比喻培养人才的重要性。

二、尊德守法是成才的基础

人才是有特定标准的。这个标准的基础是做人有德、做事守法。

古人云：“德为才之帅，才为德之资。”如今我们需要的人才，是德智体美劳全面发展的社会主义建设者和接班人。这样的人才需要教师用心培养。纵观千古，一个国家的长治久安，与人才队伍建设密切相关。孔子曾言：“道之以德，齐之以礼。”想要中华民族人才辈出，在国际竞争中永远立于不败之地，就要持之以恒地加强对学生的思想政治教育，为学生心灵播下真善美的种子，为学生的成才奠定科学的思想基础。

同时，让学生感知生活中的法律，培养学生尊纪守法的意识是思政教师工作的重点。初步使学生了解个人成长和参与社会生活必备的基本法律常识，进一步强化守法意识、公民意识、权利与义务相统一观念、程序思维，初步建立宪法法律至上、民主法治等理念，初步具备运用法律知识辨别是非的能力，初步具备依法维护自身合法权益、参与社会生活的能力。

通过道德和法治教育，使青少年初步形成正确的人生观和价值观，为成才奠定坚实的基础。

三、《道德与法治》的授课方法与效果

（一）明确授课要求

向学生明确课堂要求。细化课堂常规，目的是让学生养成良好的课堂学习习惯，初步培养学生的良好的听课习惯，有利于提高学习效率。

1. 课前准备好《道德与法治》教材和必要的文具，安静地等老师来。

2. 上课认真听讲，按老师要求去做，加强小学生专注力的培养，改善学生的不良习惯。

3. 课上积极举手回答问题，当堂作业当堂完成。鼓励学生积极举手，培养他们大声、自信地回答问题，增强同学间互动交流。让他们的课堂学习都能有所收获，有成就感。

（二）创设良好的课堂氛围

《礼记 · 学记》中曾有：“夫然，故安其学而亲其师，乐其友而信其道，

是以虽离师辅而不反也。”的论述，寥寥数语，道明了良好的师生关系对于学生的重要影响。

小学生因为年龄特点对教师的“爱”（依恋）是非常感性而随性的，而笔者通过《道德与法治》课程，教会学生如何理性地认识你身边的“好”老师的同时，也学会了感恩、理解师长们“严爱”的教育用心。

例如：在《道德与法治》三年级上册的教材第二单元“我们的学校”中第五课“走近我们的老师”中，有三个讨论性话题；其中的C、当老师误解你的时候，遇到这样的情况该如何向老师说明情况或提出建议呢？（提建议时要注意方式方法也要尊重老师）

在课堂上笔者鼓励学生们畅所欲言：当遇到了C问题的时候，你可以怎样与老师讲明情况，申诉自己的委屈呢？由于师生间的相互信任，他们乐于对我畅所欲言。例如，有的学生在全班同学面前向我吐槽某老师处理同学之间矛盾不公平，没有调查清楚就批评他，他感到很委屈。听了这个同学提出的问题，我觉得很典型，有必要与学生一起探究。

在我的引导下，全班讨论出三种方法：

1. 可以用写信的方式，把这个事情的原委与老师讲述清楚，并表明自己希望得到老师的认同，消除老师对自己的不良印象。

2. 等老师不忙的时候，单独去找老师说明情况，消除误解。

3. 通过家长向老师陈述事情原委，消除老师对自己的误解。当孩子们通过交流讨论总结出来以上三种解释误会的好办法时他们非常开心。

还有的学生告诉我：不喜欢A老师，总是挑我们错，让我们不痛快，喜欢不挑错的老师。面对这类普遍的想法，我与学生们深入探讨了到底哪种才是负责任的表现。我反问学生：“你们觉得不被老师挑错很轻松对吧！”学生们都点点头，我继续问：“如果所有老师都不挑错，你们是不是更开心呢？”学生听了我的问题，若有所思地望着我，有的学生脱口而出：“不开心啦！”我追问：“为什么呢？”大部分学生望着我，好像在等我的答案。我没有直接回答，而是让想表达的学生，谈谈对“变不高兴的原因”的看法。有个别同学觉得，这样虽然我们可以随心所欲地玩，但学不到课本的知识了。我肯定了学生的想法。同时，指明了教学课程是经过国家教育部门根据小学生年龄特点制定的科学合理的设置安排。理论上老师们每上一节课都应该“是有备而来”的。让学生们明白教师教学的安排与目的，让学生们明白课程安排，自然能够分辨出“好老师”的行为。使学生能够学会理性地看待问题。

通过学生们“抱怨”在学校生活中的开心或不开心的事，我更深刻地理解到《道德与法治》课程对学生们的重要性。

（三）充分信任学生，培养学生的自律性

“信任是一切良好关系的基础。”在课堂上，无论学生年级的高与低，我都秉承“同等待遇”充分了解学生们的需求，使他们理解只有合理的要求才能被满足。加深师生彼此间的信任，让学生充分体会被尊重和信任的人格力量。例如：有的学生因为课间没有休息（去厕所或喝水），想要休息，我会满足他们的要求，但是因为是上课时间，为了避免影响其他班级和本班的课堂教学，我提出让他们在3分钟之内完成，同时保证去和回的路上保持安静，如果不能做到，以后就不能再去了。

刚开始有个别调皮的学生不能保持安静地回来，我会依次谈话，使他们明白保持安静回教室的原因：老师为了能让你们舒服的上课，同意你们去方便，如果不按老师的要求，使其他班级受影响。我把老师的“苦衷”和调皮学生娓娓道来，让他们理解老师的同时意识自身的错误，更好地改正。之后他们主动承认了错误，保证以后一定按老师的要求去做。信任学生，培养其自律性，这样的要求不仅保护了孩子们的自尊心，也使得课上积极回答问题的孩子越来越多，因为他们有了值得信任的、可以安全表达的自己想法的地方。

人的思想态度才是决定其行为变化的核心要素，所以教师要将育人工作放在首位。抓住育人育心这个关键，才能使思政教育工作取得事半功倍的成效。

将《道德与法治》的课程内容与学生实际的生活相结合，充分让学生体会此课程的生活化与趣味性。让他们通过学习课程内容可以了解并化解一些日常生活遇到的困惑，让课本真正成为指导生活的有效工具书。因此，如何上好《道德与法治》，采用适合青少年儿童心理发展需要的教育教学方法，还需要老师们不断地学习与探索；如何形成一套行之有效的方法，还需要我们今后不断积累、探讨、优化和研究。

（作者单位：天津市北辰区普育学校）

第三章

抛砖引玉——改革创新教学模式

“五育并举”课程的教学模式讲究“抛砖引玉”。抛砖为“双减”，引玉则为“双减”之后的高质量课堂、更具创新性的教学方法、更加精彩的教学范式以及更多样的教学资源。

“双减”背景下课堂教学改革建设

罗　辉

党的十九大报告中提出优先发展教育，建设教育强国是中华民族伟大复兴的基础工程，必须把教育事业放在优先位置，加快教育现代化，办人民满意的教育。其中“加强师德师风建设，培养高素质教师队伍”成为学校教师成长管理的目标，教师通过校本教研的方式促进教师专业素质方面的有效提升。

一、校本教研的有效途径

（一）班子承包，增强校本教研的领导力

校本教研的实施组织即为备课组，所以每名行政干部要承包2至3个备课组深入研究，将共同研究、共同提升工作落到实处。从集体备课、同课异构、大讲堂学科活动、说课、质量分析等角度参与备课组活动。学科（备课）组建设决定了课程领导力的实施。每名行政干部还将年级的横向管理和学科的纵向管理相结合完成学校的网状化管理结构，落实横要到边（年级内所有事物），竖要到底（承包备课组的全体教师）。

学校的校本培训工作以“课堂教学”为阵地，将指挥所建立在最前沿，

以“落实教师专业化发展”为主题，用科学的教育思想促进全体教师实现教育专业化角色的重新定位。在实际培训中，我们努力做到领导重视、保障到位、措施有力，让每一个教师通过培训学习提高教育教学水平。

建立行政干部全部参加、教师全员参与的校本培训制度。领导干部深入到教研组，与教师们共同教研，不让一个教师掉队。行政干部承包教研组，对年轻教师进行培训，责任到人，不留死角。每周五行政例会将教师培训作为专题研究，每个行政干部将一周听、评课情况进行汇报，提出问题和思路，集中汇总，在全体教师例会时进行反馈。校长和教学校长每两周进行一次教学、课堂讲评，关注课堂的走向。

（二）内容设计，增强校本教研的规划力

校本培训目的是提高教师业务水平，需要实实在在的内容。

1. 书读百遍其义自见

学校提出“分层读书计划”，全校教师读《第 56 间教师的奇迹》《做一名幸福的老师》，党员干部读《习近平治国理政》《习近平的七年知青岁月》，教龄在 5 年以下的教师读《论语》《王敏勤与和谐教学》。学校自己开发、编制师德学习资料《你在为谁工作》《智慧人生》，制订读书交流机制，让读书成为教师成长的习惯，让浓浓书香弥漫校园。每学期公示校长推荐书目，教师根据校长推荐书目申报采购，学校将其录入图书馆，教师可以随时借阅，并于教师论坛时与全体教师交流心得与工作结合的好的方法启示。

2. 搭建平台，给教师提供更大的展示舞台

（1）落实学校“四同一异”备课组活动，在课堂研究中提升教师课堂品味。每个教研组一周一次的四同一异教研活动，做到时间、人员、内容、效果四落实，分管行政干部参与，让教师们聚焦课堂，加强同学科组教师之间的交流、学习，实现“向课堂要质量”的目标。“四同一异”的教研是备课组

教师每周必做的一项活动，其安排会在课程表中体现，同年级同学科的教师立足课堂教学一个课题、一同备课、一同听课、一同研讨，互相学习、切磋。

（2）青年教师磨课。开学初学校教务处安排出本学期青年教师研磨课，同一课题相连上两次，通过第一次专家、教研员、名教师、本校教师点评，修正后再上第二次，通过反复修改起到督促学科教研和促进个人专业成长的作用，一个学期共开设青年教师磨课 32 节。

（3）青年教师示范课。学校中学部共有任课教师 77 人，其中 35 岁以下青年教师共 61 人，占总人数的 79%，工作三年以内的新入职教师共 12 人，占全体任课教师的 15%。提高学校教师整体的业务能力，青年教师的培养是重中之重。因此，本学期共开设青年教师课程共计 10 轮，合计 68 节，供青年教师学习。

（4）第四阶段，与外校同课异构。“大讲堂”安排在每周三。让每位教师在专家和全校同行面前登台亮相，一对一评课，既强化了对各个年级各种课型教学模式的研讨，又有针对性地进行个别辅导。“大讲堂”既是年轻教师入轨的渠道，又是骨干教师成长的平台，更是全校进行课堂研究的主阵地。主要活动流程是“普育学校教师与市内外名特优教师同课异构—上课教师说课—听课教师和专家评课—形成学科组教研成果”。普育大讲堂是围绕课堂进行学科组建设的主渠道，是课堂改革的主阵地。之所以取名“大讲堂”，是因为在这一平台上，既有专家的权威指导，又有一线教师的声音；既有管理者的表述，又有不同思想、理念的碰撞，大家都来讲，畅所欲言，表达不同的意见和看法。上学期共开设 21 节，我们邀请温州、邯郸、廊坊、上海、常州等地名师来校做同课异构。

（5）学科组长、备课组长复习引路课。为提高复习课的有效性，九年级备课组长开专题复习引路课，七八年级备课组长开单元复习引路课。引领学科组、备课组有效复习。更好、更快地提高教育教学质量。引领备课组朝着积极主动的方向发展，引领教师钻研课标、研读教材、研究考点，促进教师解读教材的专业能力。

(6)精品学科建设。教师专业培养的最后一个阶段，精品学科建设依赖于学科内容和学科知识素质拓展。本学期我们请到中国人民大学附属中学、中国教育科学研究院的专家教授到学校指导语文、数学的学科建设。专家到校不仅为教师传授新背景下学科的发展趋势，也结合学校实际情况规划我校学科的发展纲要。发挥我校数学教师对数学活动、数学思维、数学创新的融合，继续做强做大数学领域的活动；语文教师对学生阅读的热爱犹为关注，从而传授给学生热爱阅读、热爱生活的情感。

根据需要系统、分层的教师培养，目的是让不同层次的教师根据需要选择自己的课程，量体裁衣、因材施教也是对教师培养的一味良药。一年下来，教师的课堂表现能力取得优异成绩，青年教师能很快熟悉课堂结构并能熟练驾驭课堂。这也是我们所追求的第一个目标，新老师能尽快步入正轨，上课有模有样；第二，入职3至7年教师尽快形成自己的教学风格，对教学有自己的独特见解，并能在区、市教研中展示自己、推销自己；第三，学科领军人物的培养，利用多途径给骨干教师搭台子、压担子、铺路子、练胆子。

3.加强课堂教学深度设计研究，提升课堂品位

教师讲坛，是教师科研的重要工作。我们本着“教学出课题，科研做文章”的思路开展教师小课题研究。“教师讲坛”，让每一名普育人(全员化)都从课堂实践者走向研究者(科研化)，研究的着眼点更贴近教学实际(接地气)，都贴近办学理念，既突破了教师发展的瓶颈，又提升了教师研究的实效(实效性)。研究的方向就是发生在我们课堂中的小问题，例如教学目标设计、问题设计、活动设计、评价设计。

聘请教研员作为指导教师，开学初学校向教研室提出申请，聘请教研员到学校进行蹲点教研，经教研室统筹安排，两天时间到学校进行课堂指

导。确定到校时间—确定集体备课课题—教师准备说课内容—全体教师说课(进行教材分析)—教研员陪同下进行集体备课—抽签决定上课教师—课后进行点评—教学校长和教研员反馈效果—全体教师进行教学点评和活动总结。这样系统的进行教师中期抽测检查既是对教师抽测也是对教学管理的评估。

最终我们对教师的评估是:学年教师基本技能考核。对教师专业技能的考查是评价教师专业成长的重要方向。为了提高教师的专业技能,督促教师进步,适应今后教师发展的要求,学期末教师基本功大赛的考查内容包括(共100分):

①师德修养及课程标准(10分);

②中考及会考题(70分);

③教学片段处理(10分);

④课堂突发状况的应对(10分)。

⑤教师参加教研活动展示、学习、比赛,促进教师更快成长

派出教师参加比赛,结果固然重要,但其过程是教师成长必经阶段,正是有这样的磨炼过程,才能使青年教师更快成长。所以学校派出更多的教师参加比赛、学习、展示、外出交流等。

2016至2017学年,学校积极承担区级教学研究、科研活动共九次,我校教师参加区教研展示课共24节,市教研展示课1节,教材分析共计20人次。“让乘客坐到驾驶员的位子上”这是我们校本教研的初衷,也是我们为青年教师提供更多机会的舞台的途径。例如,我们派出教师参加说课、说教材、上课比赛,本年度中学部共派出各类比赛教师共计39人次,获特等奖19人次,一等奖17人次,二等奖3人次。

综上所述,学校课堂教学能力、教师科研能力、学习能力的综合测试也能达到应有的效果。

（三）过程监督，增强校本教研的执行力

建立以课堂为核心的多个校本培训平台，从基础抓起，从细节落实做起，让每一个教师的专业水平都得到提升。我们于 2015 年制订了校本教研制度和流程（征求意见版），并于 2017 年通过了修订版并印刷。教务处每周对课堂教学材料（教案、导学案、上课课件、达标检测、集体备课说课课件、作业）、集体备课、同课异构、集体备课逐一检查并公示。

通过校本教研的常规化，教师对教育教学内容的钻研正是教师自身发展的不竭动力。我们将校本教研系列化、序列化，这成为教师成长的重要手段和方法。

二、校本教研的效果分析

学校对青年教师的成长关键在课堂，钉紧课堂不放松，实现了由“低水平个性教学”到“高水平统一模式”和“由高水平统一模式”再到“高水平个性教学”的两次转变与提升。

学校确定了“五环节教学模式”，是基于“先学后教、以学定教，当堂达标”的 12 字课堂改革理念。“五环节教学模式”让青年教师们有课堂研究的抓手，上课按照固定模式执行，尤其是新入职教师能把课上好。在此基础上，每学期每一个年级的每一个学科组都总结出了本备课组各类课型的基本课堂模式，并附有典型课例，为新到岗的教师提供了模板，更便于操作。针对部分教师课堂教学模式已基本定型又急于突破的现状，我们适时提出了“真实课堂”的教学策略，实现了由随意到模式，再由模式到个性的转变。

只有将虚假课堂和课堂中的虚假成分摒除，课堂才能走向高效。高效课堂是实现师生学识、生命共同成长的地方。在听课方式上，我们打破推

门听课的单一方式，总结出了“跟踪听课、蹲班听课、比对听课、预约听课、研究课、主题课、巡课”等听课方式，落实“向教学、向管理要质量”。根据课堂反馈的实际情况和教师阶段发展的特点，适时进行教学点评。

在校本培训中，教师的专业化水平得到发展、提升，教师也享受到学校带给的实惠——自信、充实、有成就感。“立足课堂，抓好常规，求真求实”是校本培训的特点，校本培训为学校发展提供了不竭动力。

（作者单位：天津市北辰区普育学校）

“双减”背景下情境化教学在小学英语课堂中的有效应用

宋　佳

回溯到二三十年前，人们对英语教学的初印象，就是教师站在讲台上领读、翻译，学生坐在下面跟读、做笔记，黑板和粉笔就是全部的教学工具。这种传统的教学方法，使原本可以生动精彩的课堂变得黯然失色，趣味性急剧下降，无法吸引学生的注意力。周而复始，学生的创造性被消磨在一节又一节单调冗长的英语课中。而现如今社会发展一日千里，随着“双减”政策落地，教育被注入了生机活力，英语教学模式也将呈现出多元化态势。其中，课堂教学中利用情境教学法可以有效地帮助授课教师创设出特定的、生动的、具体的情境，促使学生直观感受教师所要叙述的内容，高效地理解和掌握知识点，获得更好的学习体验，帮助学生减轻负担，落实提质增效的“双减”政策精神。

一、联系生活，提高情境教学的真实性

“学外语就像学游泳一样，学生必须泡在水中，潜到（be ducked down in）水里，只有这样他才能像一个熟练的游泳者（able swimmer）那样乐在其中。”正如丹麦语言学家斯帕森所说，脱离了真实生活的语言，就如同空中楼阁，想要习得语言必须浸润在真实的语言环境中。教师在设计课堂教学

时，要将生活搬到课堂中来，设置逼真的情境，让学生能有身临其境的感觉，才能充分激发他们的想象力和创造力，才能真实地表达其所思所悟，获得真正的情感升华。

在学习英语二年级上册第二单元 Shapes 时，教师引导学生将本单元的形状类词和教室内的事物联系在一起，如黑板是长方形(rectangle)、钟表是正方形(square)、红领巾是三角形(triangle)……鼓励学生从生活中寻找不同的形状，将所学知识带入实际生活中去验证。在讲授同册书的 Our School 单元中的重点词时，教师将学校各个功能教室的实景图呈现给学生，帮助学生在实践中认知所要学习的目标单词，如 library(图书馆)、gym(体育馆)、music room(音乐教室)等。

二、巧用游戏，提升情境教学的趣味性

语言学习容易给人枯燥无趣的刻板印象，在课堂教学中教师应尽可能转变教学方式，创设学生乐于接受、生动有趣的教学形式。小学生活泼好动，无法长久集中注意力，游戏可以最大限度地调动他们的学习兴趣，保持学习热情。教师可以为学生创造丰富的游戏情境，使学生乐学、爱学、在玩中学，这样不仅可以达成教学目标，而且提升了学生的课堂参与率。

在学习(人教精通版)五年级(上册)Unit 2 Lesson 7 时，要求学生能够熟练运用目标语言询问他人的姓名、描述他人的外貌特征以及性格特征。在设计教学环节时，可以创设游戏场景，猜猜我是谁。课前收集班内同学和任课教师的照片，在导入环节，从身体部位到五官，逐步呈现一个同学(教师)的外在特征，让其他同学竞猜。教师用 She has…句式向学生渗透如何描述外貌特征，并提问 What's her name? 引导学生回答 Her name is…初步感知本课的重点句型。在师生互动交流的过程中，拉近彼此的距离，学生的观察力、专注力、表达能力都能得到提升。

三、模拟表演，增强情境教学互动性

模拟表演是让学生通过亲自扮演一个角色去呈现课堂教学内容的情境。在教师精心创设的场景中，学生模拟扮演其中一角，将实际情景引入课堂，同时帮助学生体会人物的内心世界。此种新鲜的教学方式，令学生倍感亲切、乐于接受。他们全心投入的表演会产生意想不到的课堂效果。

在（人教精通版）小学三年级英语（上册）课本中，Lesson 24 讲述了圣诞节来临之际，Peter、Kate 和他们的妈妈在家里一起装饰圣诞树，迎接圣诞老人的故事。学生们并没有亲身经历过圣诞节，没有直观体验。为了让学生在学习知识的同时，感受英语的乐趣，了解国外文化。教师设计了同学们一起过节的情境，由学生自己去装扮圣诞树、制作节日食物、扮演圣诞老人，在模拟表演的互动交流中，真实体会圣诞节的氛围，包括庆祝形式、装饰物、特定饮食以及家喻户晓的圣诞老人形象等，更好地帮助学生拓宽眼界，了解中西方在节日方面的文化差异，初步形成跨文化意识。

四、信息技术，为情境教学注入内涵

一个人的情感变化会经历一个起伏的过程，从情绪的酝酿到情感的升华，这之间需要一个特定的情境，而信息技术手段无疑是塑造情境的有效方法。

在（人教精通版）五年级（上册）Unit 2 Lesson 8 中，学生要正确理解 pretty 的含义、学会发现身边“美”。在课堂教学中，教师带领学生一起寻找身边的“美”。先出示一位女明星的照片，请学生描述外貌，体会 pretty 一词。再出示抗疫前线的医生们的照片，伤痕累累的面庞与明星照片形成鲜明对比，并提问 Is she pretty？此时，让学生们带着疑问，观看视频《你的面庞》。通过展现抗疫医生的感人事迹,带领学生感知另一种“美”,更加深刻地理解“美”的含义。通过直观的照片和视频等信息技术手段,在短时间内给学生以心灵的震撼,教育他们更要注重一个人的内在涵养,做一个有责任、有担当、有更高精神追求的人,引导形成其正向的价值观。

又如,在学习(人教精通版)五年级(上册)Unit 4 Lesson 22 时,学生需要熟练运用目标语言谈论家庭成员的职业。教师可以创设一个评选“最美家庭”的情景,利用图片、音视频等手段,将课堂变成决赛评选现场,让学生成为评委,依靠自己的分析判断选出心目中的“最美家庭”,提高他们的课堂参与度,培养其独立思考能力。在最后,教师提问学生:什么样的家庭才是“最美家庭”?通过播放视频《致敬劳动者》,引导学生了解各行各业劳动者的艰辛。他们是祖国的建设者,正是因为每一个人都在不懈奋斗,才有了“最美家庭”——中国。在视频结尾处升华情感,引导学生尊重劳动者的辛勤付出,增强学生的社会责任感,帮助其树立远大理想,并为之奋斗。

总而言之,在“双减”政策的指引下,传统的“满堂灌”教学方式已然不见踪影,高效的课堂教学模式应运而生。“双减”的出现,为教师的教学工作提供了无限可能,搭建了更广阔的平台,为国家综合素质人才队伍的建设,插上了翅膀。作为小学一线英语教师,一定要在学生英语学习的启蒙阶段为他们奠定坚实的基础。在英语课堂教学中,充分发挥情境化教学的效用,提升课堂效率,帮助学生创造性地学习,真正成为未来的复合型人才。

(作者单位:天津市北辰区金艺小学)

疫情下信息技术学科线上教学模式的探索与研究

刘　瑜

一场突如其来的疫情，让很多人的生活轨迹受到影响和改变，传统的学校教育教学模式被迫发生了改变，随着学校停课停学要求的不断延期，为了让学生居家期间能跟上正常学习步伐，全国各地中小学积极开展线上教学课程，纷纷实现将学校课堂从教室搬上屏幕，响应国家“停课不停学”总要求总目标。随着科学技术的飞速发展，小学信息技术学科已成为义务教育阶段的一门重要课程，学科目标也从过去对学生进行技能知识训练慢慢转化为培养学生良好的信息技术素养。小学信息技术学科核心素养的改变，决定信息技术教师在实施线上教学活动时，教师要充分考虑学生的实际需求和兴趣所在，选择适合的工具，不断优化教育教学模式，有效提高信息技术线上教学的灵活性和趣味性。

一、小学信息技术课堂对学生的重要影响作用

在小学信息技术的课堂教学中，教师既是课堂和全部教育教学活动的组织者、促进者，又是学生兴趣爱好的调动者、引导者，在整个教育教学过程中扮演着至关重要的作用，可所谓是意义重大。随着时代的发展，虽然很多小学生在入学前就已经接触到电脑、手机等电子产品，但总体来说，学

生只是利用这些电子产品看电影、玩游戏，并没有掌握系统的信息技术知识，也未能使用先进电子产品来辅助学习。

所以在小学信息技术的课堂上，教师对学生的正确引导显得尤为重要，教师不仅要紧紧抓住学生的特殊心理特征和年龄特征，也要实时观察注意时代的发展变化，多关注教育部门的信息发布，多留意学科知识的更新，多挖掘教材的新内容、新观点，对标对表赶超先进。

二、疫情形势下小学信息技术学科的教育现状

经过调查显示，很多小学信息技术教师在开展线上课堂时，没有用活用好各种软件课程和小程序，也没有针对线上课堂的特殊性进行精心设计，他们大部分依旧沿袭在学校课堂的上课模式，未能从“一言堂”的格式中跳出来，也未能将学生的发散性思维和创造性思维的开发作为教育重点。而线上课堂打破了空间界限，使教师和学生处在不同的空间中，教师无法实现对学生的面对面纪律监督管控，所以一旦线上教育课堂未能充分调动学生的积极性和主动性，他们就会在线上课堂上偷懒、做小动作、走神、玩游戏等。

为了打造高效的小学信息技术课堂模式，教师应该做好精心准备，以充分地调研调查为基础，多学习借鉴其他学校优秀线上课堂教育模式，不断提升自身教育教学水平，提升自身综合文化素养，积极探究和摸索出新型的线上信息技术课堂模式，增强和提高学生的学习热情，帮助小学生更好地掌握信息技术学科知识，更好地服务未来的学习发展。

三、疫情下信息技术学科线上教学模式的探索与研究

众所周知，信息技术学科是一门以实践为主的课程，虽然在整个教学

过程中，教师对理论知识的传播是必不可少的一环，但是总体而言，信息技术课程是一门实践性大于理论性的课程，这种类型的课程如果采取线上授课的模式，无疑会给教学效果打上一定的折扣。随着社会关注度和学生家长焦虑情绪的增加，诸多问题都需要等待小学信息技术老师发挥集体和个人的智慧，从实际问题出发，探讨研究出切实可行的信息技术线上课程授课方案。

（一）明确教学目的，规范教学流程

小学信息技术课程的学科要素决定其设立的目的，归纳起来，小学信息技术课程的主要目的是为了顺应时代发展的要求，增强小学生的计算机实操能力，提高小学生利用计算机实现信息检索、资源利用等能力。明确小学信息技术课程的教学目的，也是贯彻落实国家新课改的总要求，能够有效促进小学生总体综合素质的发展和提高，确保小学信息技术课程的开展能贴合课程教学流程，符合教学规划和教学步骤。

我们以六年级下册第一课"从未停止的脚步——信息技术发展史"为例，翻开课本我们发现，该课的主要内容是以理论为主，实践操作和活动设计的流程较少。所以教师在进行课程设计时，要结合"通过互联网来寻找信息技术发展的足迹，使用网络终端，想想哪些功能可以为同学们的学习和生活带来便捷？"等问题来展开。为了强化学生的信息技术素养，教师要从信息技术的起源着手，全方位、多角度地利用线上教学视频播放的功能，为学生播放与信息技术发展有关的影片资料，调动学生了解信息技术历史的兴趣和热情，当学生显示出浓厚的学习兴趣后，教师要趁热打铁，引导学生们进行相关的实操练习，尝试着利用百度、谷歌等引擎进行自己较为感兴趣的知识领域的搜索，在学生练习结束后，教师要有针对性地挑选学生来进行经验分享，让其他学生通过比较找出异同。教师通过这种模式，充分将理论和实践紧密结合起来，又能与学生进行与线下课堂无差别的线上互动和交流,提升小学信息技术课程的线上教学效率。

(二)选择教学工具,保障教学质量

为了服务疫情期间的线上教学,全国各地各学校都在进行积极的探索研究,现在有大量技术相对成熟的线上课程学习软件和直播软件,这些软件为学生更好地掌握知识,提升学习质量提供了坚实的保障基础。但值得注意的是,教师对教学软件和教学工具进行选择时,一定不能脱离学生的实际和兴趣,教师在开展课程前,除了需要紧紧围绕教育部门的总体要求和学校的统一部署安排,还需要与班级的学生进行适当的交流,征询学生的意见,在综合考虑后方可确定。例如在某些课程中,课程的目标要求是学生要动手实操,在这个环节中,教师可以有效利用成熟的录屏软件或直播投屏软件对相关知识进行讲述,让学生通过直观全面的角度观看到教师示范操作,然后进行模仿。

(三)创建新型模式,促进自主学习

我们通过对传统信息技术教学模式的研究发现,以往教师主要是扮演着知识传输者的角色,在课堂中占据着绝对主导地位,在这种模式下,学生通常是被动地接受教师对他们的知识灌输,这对学生创新意识的培养是相当不利的。线上教学的广泛运用,教师要结合时代需求,尝试改变这种传统的对学生进行"填鸭式"的教学方法,充分发挥学生的主体地位,多与学生进行交流,了解学生的真实想法,与学生共同探讨与信息技术有关的知识点,调动他们的主观能动性。

总体而言,学生对信息技术课程的线上教学模式的接受度要高于其他学科,在以往的学校信息技术课堂中,如果是机房实操课,学生也是一人一机,一边听老师讲解一边跟着老师的步骤进行实践练习,这跟线上课程的模式有些类似。但主要不同点在于,学生在家中上课,教师无法密切关注到他们的一举一动，无法实时掌握学生的学习进度和掌握情况。所以为了提高小学信息技术线上课程的教学效果，增强和提高学生学习的积极性和自主性是非常重要的一环，只有学生自己有迫切的需求和学习热情，他们才会采取积极主动的态度配合老师的线上课堂教学。

（四）改善教学理念，营造高效氛围

小学新课改的核心要素是一切以学生的发展为中心，教师不仅要在教学过程中传授学生必要的知识技能，也要对学生情感态度、价值观等方面进行培养，只有将整体的目标确定下来后，教师再根据学校的实际和学生的年龄特征细化目标任务，把学生的能力增长、知识学习、观念培养等作为每一节线上课程的教育目标。线上课程的模式在近两年才得到推广，这就导致很多家长和学生对线上课程重视不够，认为线上课程只是权宜之计，不能成为学校课堂的延伸和补充。因此，教师应该及时掌握学生微妙的内心世界，引导学生树立正确的价值观和学习观，让他们高度重视线上课程的积极作用。教师还要将高效的线上课堂作为工作重点，结合小学生精力旺盛但注意力容易分散的特点，充分利用小学生的好奇心，激发学习的主动性和积极性。

为了保障小学生的生命健康和安全，线上课程将作为小学教育形式的重要组成部分。各地小学信息技术课程教师应该高度重视信息技术线上教学的探索和研究，充分了解小学生的学习实际，并从教学大纲实际出发，研究有针对性、目标性的科学教育目标。教师还应该根据每一节课的课程内容选择最合适的线上教学软件和平台，与家长做好沟通交流，了解学生线上课堂的具体完成情况，为提高小学信息技术课堂教学奠定坚实的基础。

（作者单位：天津市北辰区普育学校）

游戏教学提升语文综合素养

杜　杰

爱玩、好动是小学生的天性。在生活中我们不难发现孩子在轻松的气氛中积累的知识会更牢固,在呆板的气氛中机械的记忆孩子们积累的速度会很快,但是随着时间的推移也会很快忘记,甚至会从记忆里永久的消失。创造一个快乐轻松的小学氛围,不仅可以为孩子们创造一个快乐的学习环境,还能激发学生浓厚的学习兴趣,进而做到以兴趣促进学生乐学,达到提高学习成绩,提高课堂教学效率的目的。如何营造"快乐课堂",让小学语文课堂真正快乐起来。下面结合自己的工作经历,谈谈几点体会。

一、小学语文游戏活动教学的重要意义

当前的家庭现状是家长看重学习成绩,不让孩子输在起跑线上,占用孩子一切课余时间四处报补习班,孩子在校紧张地学习,放学上补习班,导致孩子没有愉快的游戏时间。甚至有些孩子已经厌学。那么作为教师就要寻求有效的方法让孩子们在课堂上轻松快乐的接受知识。只有在玩中学、在学中玩才能达到理想的效果。于是从小学语文教学中开展游戏教学活动,主要表现在以下几个方面:①有利于寓教于乐。语文是一门知识性较强的学科,游戏活动教学可以增强语文教学的趣味性,让学生在轻松愉

快的游戏中学习语文知识，增强学生对语文知识的巩固。②语文教学的重要任务是培养学生的语文素养，游戏活动教学有利于提高学生的语文素养。通过游戏活动，学生可以提高表达能力，理解能力，增强在有趣的游戏活动中体验语文学习的快乐的能力。

二、小学语文游戏活动教学的有效策略

（一）采用游戏活动的教学导入方式

教学导入是语文课堂教学的点睛之笔，它影响着整堂课教学顺利推进。而且教师一定要做到在课堂伊始抓住学生，这样学生在整堂课上就会按部就班地进行学习。因此，在课堂上的主要语言是导入游戏中最常见的方式，不仅可以让学生在课堂上课的开始就能参加学习，对课堂产生了浓厚的兴趣，也可以让学生以放松和愉快的心情走进整节课。譬如在教学二年级下册《雷雨》一课的时候，可以采用猜谜语的方式导入“千条线，万条线，掉在水里都不见”请你猜一猜说的是什么？“一石激起千层浪”，孩子们争先恐后地举手回答，热情被充分激发，一直睁大眼睛等待老师再次提问。通过游戏的方式，学生可以以强烈的好奇心和表达欲望进入后续语文课堂学习。他们的注意力被抓住了，这样老师上课时不会因为学生的注意力不集中而大发脾气了。

（二）采用符合学生年级特点的游戏活动

由于低年级的语文学习主要是拼音和字词学，因此，在拼音和字词教学中，它必须采用与低年级语文教学内容相一致的方式。如在教学拼读音节时，开展“小蜜蜂采花蜜”的游戏。让学生各自带着一个写有声母和韵母的蜜蜂和花朵的头饰，“小蜜蜂飞呀飞”让声母的小蜜蜂和韵母的花朵

成为朋友,拼出音节就为胜利,并能得到老师的小奖励。通过这种方式找到朋友,我们还可以进行生词和拼音的匹配,生词和短语的匹配。在汉字教学中,还可设计游戏“破案猜字”,教师为学生们准备黑猫警长的头饰,戴上头饰在句子中找到要认读的生字,并且把它消灭掉(生字都认识),这样才能算你破案了——这项活动是学生感兴趣的事情,他们都愿意做智勇双全的黑猫警长。识字中变换了语言环境后学生都争先恐后地想认识这些生字,积极参与到游戏中去。在这样宽松的气氛中学生们认识了生字、巩固了生字。同样游戏活动顺应了他们的童心,增加了生字复现的次数,提高了识字效率。通过这样的活动,可以让低年级学生在游戏活动中学习新知,巩固识字是教学识字的重要环节,我们可以采用学生熟悉的扑克牌的形式进行巩固练习,首先让学生拿着扑克牌大小的生字卡片,两人为一组,你出一张两人抢读并组词,答对者获得此卡,这样学生定会回家积极备战,这样才能得到更多的生字卡片,老师也要进行奖励,用手里的生字卡片换阳光卡。在这里让学生感受学习生字这种枯燥环节也是快乐的。

(三)设计与中高年级相符的游戏

中高年级和低年级学生不同,必须利用一些具有挑战性的游戏活动,使他们能够满足中年级学生的特点。譬如在成语教学时,开展有特点的成语积累活动,可以先让学生在家进行积累,老师说出要求比如带有反义词的成语“异口同声”“取长补短”,带有数字的成语“一心一意”“七上八下”,带有小动物的成语“鼠目寸光”“九牛一毛”等。又如:我们可以把古诗进行分类:写送别的、写风景的、写植物的、写思念家乡的、写四季的等,学生们玩得不亦乐乎,在这种氛围中积累词语诗句,我深信他们一定会记忆深刻。

(四)开展丰富多彩的游戏活动

1. 开展续编故事比赛

在语文教材中有许多课文可以设计为续编故事的活动，譬如《坐井观天》一课，可以这样设计：青蛙听了小鸟的话跳出了井口，它看到无边无际的天后会说些什么呢？再如《我要的是葫芦》一课，可以这样设计：第二年种葫芦的看到葫芦叶子上有爬满了蚜虫，这次他会怎么做呢？收到了什么效果呢？然后专门找一节课的时间让孩子们到讲台上来讲一讲你的续编故事，教师负责评出一等奖、二等奖、三等奖，这样设计让学生们愿意参与其中。通过让学生续写故事，不仅能提高学生写作水平，交流时还可以训练学生的表达能力，学生语文综合素养得到全面提升。

2. 开展编猜谜语活动

猜谜语是小学生都非常喜欢的活动，它可以通过编灯谜活动，教学生识字，增强教学活力和形象。比如，在教"拿"字的时候，我们可以用拼图"一人一口，一手放在口下"，这样学生就可以轻松掌握新生字。通过猜词活动，可以激发学习兴趣、增强学生主动识字的意愿，成效显著。

3. 开展亲身体验活动

如：在拼音教学 b、p 的发音时，发 b 时出的气轻，发 p 时的气重。抓住这一特点让学生通过亲身实践用纸挡在嘴前去发现 b、p 的发音不同，当学生们欣喜地发现字正腔圆 b 煤气灯，纸不动，当重瓦斯读 p，当纸张感动，有一种自信和成功的喜悦，这样他将 b、p 的发音牢记心中。又如：教学《乌鸦喝水》这一课教师可以准备瓶子和石子，让学生扮演乌鸦往瓶子里投石子，直观地观察瓶子里的水是怎样上升的，这样他们就能更深刻地理解课文了。游戏体验可以让学生记忆和理解知识更加深刻，更具有操作性。

4. 开展表演式游戏活动

小学生的天性是不怯场，并愿意在别人面前展示自己。因此，在教学中,我们可以把有故事的课文变成课本剧,供学生表演。如在教学《狐假虎威》这篇课文时,教师可以让学生每两人分一组并且给他们做好这节课的头饰,让他们在课下充分地练习,然后在课堂上进行表演,学生们在接受任务后就会在表演前、表演中和表演后认真读文甚至会背下来,只有理解文中描写狐狸神态的词语"神气活现、摇头摆尾"和描写老虎神态的词语"半信半疑、东张西望"才能够演得惟妙惟肖。这样就可以更好地理解课文,体会到课文内容所表达的思想感情的用意。

总之,通过游戏活动,学生学得扎实,老师教得轻松。游戏教学不仅可以提高学生对语言学习的兴趣,还可以培养学生的思维、分析、表达等,从而促进学生综合素质的提高。我们应该根据实际采用多种教学方法,充分利用学生们的天性教学,以不断提高语文教学质量。

(作者单位:天津市北辰区普育学校)

“有效性问题”在小学语文课堂中的设计策略

李　莉

《语文课程标准》提出：“学生在阅读过程中会主动积极地进行思考和感受书中内容、感受人物的情感，从而加深理解，对学生的情感、思想起到熏陶和启迪的作用。”如果教师在课堂上想要达到良好的效果，在学生阅读后提问题的设计就显得非常重要。近年来，小学语文课堂由于课堂问题的“过多、过浅、过碎”，一篇篇优秀的文章就此变得“支离破碎”，对课堂教学的效率也产生了极大的影响。因此，教师们有必要进行有效性问题的设计来提高自己的课堂效率，并还课堂以活力。

一、课堂教学中的问题设置现状

在如今的小学语文阅读教学中，课堂上提出的问题，存在着一些缺陷。比如：在阅读教学的备课过程中，教师会提前预设问题，而在课堂上，学生会有一些随机想法，但常常会出现太多的碎问，导致在整节阅读教学中都贯穿着老师的各种问题，容易出现问题细、小、杂、乱的现象。再有在课堂上对学生随机生成的想法，老师没有经过慎重思考就随意提问，提出一些目的不明确、层次单一的问题，导致偏离教学目标，同时还会穿插着教师对文本的个体片面的解读。

笔者在日常教学和工作中发现教师在阅读教学课堂上问题的设置有诸多不足之处,主要表现为:

(1)雷同提问。“文章共几个自然段?”“课文主要写了什么事?”“你最喜欢课文哪一段?”千篇一律,使学生生厌。

(2)速成提问。教师提问后,没有留给学生充足的思考时间就要求其马上作答。教师急于求成,操之过急地向学生进行提问,导致学生的思维未有任何提升。

(3)空洞提问。如刚读完一遍课文,就直接问学生“文中人物给你什么印象?”或是“课文写的是什么内容?”当时的学生对于课文内容还没有全面的认识,肯定会不知道怎样回答。

(4)简单提问。有些老师十分喜欢提问“对不对”“是否”等,这样的提问没有任何意义,让学生的思维发展只能流于表面。

(5)倾斜提问。提问的学生过于集中,一般总是优等生来回答,学困生得不到训练。

基于以上问题,笔者认为教师在阅读教学备课过程中,根据对文本的解读和对学生学情的分析,围绕着阅读教学目标,经过思索,提炼出来的最主要的问题——主问题。它与课堂教学中的“碎问”相比,是一种具有整体性阅读的有效性问题,能指导学生形成连贯性的深层次的课堂学习活动,显示出贯穿始终、突显主旨的力量。

二、阅读教学中的“有效性问题”设计策略

有效性问题中的“主问题”是源于知识本身,并且以学生的认知水平为立足点,再提出能引领学生自主、合作和探究学习的主要问题。它注重的是问题的“质”,体现的是知识,也是技能;它具有一定的自由性,能给学生独立探究、主动思考留下充足的实践空间。

现如今，在小学语文阅读教学中“主问题”已经得到了广泛应用，但最终的效果是参差不齐的。如何利用主问题的设计来达到有效性问题的效果呢？笔者将对“有效性问题”的设计策略进行探究。

(一)着眼题目，整体把握

文章的题目一般都能体现作者独特的思考，我们通过题目可以了解到文章中的许多内容。所以，我们就可以在题目的教学上加入自己的思考，设计有效性问题，并利用这一问题作为引子来学习全文的内容。如教学《铺满金色巴掌的水泥道》一课时，就可以先从“解题”开始：“金色巴掌是什么？”“水泥道是什么样子的？”然后以这个主问题来引导学生学会抓住重点词语、句子细细品读课文的方法。通过读、思、议，学生抓住了“水泥道像铺上了一块彩色的地毯。”“门前的水泥道真美啊！”等语句，体会到铺满梧桐树叶的水泥道是多么的美，进而体会到只要善于观察，生活处处皆美景。再如《慈母情深》一文，可以以“慈母的情深在何处？让我们有怎样的感受？”为主问题，让学生在问题中感悟，在阅读中理解，从而掌握文章内容，完成本课的教学目标。

(二)重点入手，理解主旨

文章中的重点句、段一般会总结文章。所以，可以深刻剖析，利用关键语句和主旨段落来进行教学。例如，《不懂就要问》中的最后一句“学问学问，不懂就要问。为了弄清楚道理，就是挨打也值得。”教师只要抓住了这个关键句，那整篇文章都被拎起来了：孙中山先生是如何做到不懂就问的呢？

(三)留白切入，丰富想象

在部编版语文课本中，有许多留白的部分。这些留白，可以把无穷感悟和无尽遐想的空间给学生，而且还能激发学生用创造性的思维对文章进行自己的理解。如《胡萝卜先生的长胡子》以“胡萝卜先生的胡子刚好在风里飘动着。”为结尾，教师可以以此设计主问题“它的胡子在风中飘动着，都会遇到什么事呢？”由此留白部分来引发学生的想象，训练说话，并通过留白的问题设计让学生通过自己的想象来补白，加强学生的思维和语言训练。

（四）研究人物，以点带面

教材中描写人物的课文有很多，如《詹天佑》《大禹治水》等，对于此类课文，我们可以设计将人物形象当作重心，并作为一个问题。例如，可以设计出“大禹是如何治理洪水的？”“詹天佑是怎样一个人？”等有效性问题，用一个点带动整篇文章的面，以此推动学生对课文的朗读和理解。

（五）结构为主，找准中心

每一篇文章都有自己的独特结构，有些文章是分总结构，即开始分着描述，最后对文章进行概括；有些则是总分总结构，有些则是文章首部总着描写，中间分着论述，最后对文章做总结。在进行教学设计时，我们可从结构入手设计“有效性问题”，进而把握文章脉络，明确作者的写作思路。例如在《桂林山水》的教学中，可提出问题：“根据文章结构阅读课文，思考本文的中心句是哪一句，作者围绕着中心句都写了哪些内容？”这一“主问题”便是从文章的结构入手设计而成，让学生明确了课文结构。学生了解了文章的主旨结构，就能轻松地了解文章的中心思想，从而了解作者的写作手法，提升学生的理解能力。

（六）从文章的写作特点入手

在教材中文章的写作方法都是有独特性的，教师可以从此入手，设计

“有效性问题”。根据文章的特点来考虑，不是随便设计的。例如：在《少年中国说》中提问：“你认为哪一部分最能表达作者的爱国情？”在设置前，首先应该考虑的是将哪个方面作为主问题，一定要有独特性和观点性。设计问题也应根据学生的学情特点，要具有吸引力，让学生感兴趣。

只有教师吃透了教材内容，才能设计出具有开放、包容性的“有效性问题”，才能引导学生深入地走进课文的世界。而问题就像杠杆中的一个支点，只要运用好，一定能起到四两拨千斤的作用。学会用精、活、少、实的问题激活课堂，并运用合理的呈现方式，从而提升阅读教学的效果，真正实现课堂的高效。

（作者单位：天津市北辰区普育学校）

“学习任务群”视阈下的小学语文阅读教学课堂的策略研究

尚 影

在小学语文阅读教学中，教师要充分发挥单元的育人功能，彰显单元的育人价值。为此，教师可以用任务来整合相关的语文课程资源和素材，引导学生进行语文学习。在这个过程中，教师可以打破单篇文本教学的束缚，以学生语文学习力提升、语文核心素养发展为纲。实践证明，建构“学习任务群”视域下的小学语文阅读教学课堂，能增加学生的语文学习深度。

一、什么是学习任务群

语文学习任务群是培养学生语文核心素养的凭借，是承载语文课程内容、架构课程体系、创新语文教学模式的若干相互关联的语文学习任务的集合体。温儒敏指出，学习任务群是“代表了一种全新的教学理念”，是一种“新的教学方式”。

二、学习任务群的基本特点

以语文课程核心素养为纲，不再是学科知识逐点解析、语文技能逐项训练。以学习项目为载体，整合学习情境、学习内容、学习方法、学习资源等。以问题情境为导向，不仅着眼于语言能力，还整合自主合作、个性化等。以学生充分的语文实践活动为主线，强调参与、体验和经历。

三、链式任务群：优化学生语文学习组织

学生的语文学习是以学生已有的语文认知为基础，在语文教学中，教师可以设计、研发链式任务群，优化学生的语文学习组织。链式任务群，是指教师通过环环相扣的、层层递进的任务链、任务块、任务群等来推动学生的语文学习。链式任务群在语文课堂教学中的运用，可以让学生的语文学习不断地从低阶迈向高阶。在链式任务群中，“前一个任务”是“后一个任务”的基础，“后一个任务”是“前一个任务”的提升和发展。从这个视角来说，链式任务群中的任务是关联性的任务、递进性的任务、层次性的任务。以部编版语文五年级上册第一单元的教学为例。本单元的人文话题是“万物有灵”，落实读写训练的语文要素是“了解课文借助具体事物抒发情感的方法”“写一种事物表达自己的情感”。其中第一个语文要素指向学生的阅读，第二个语文要素指向学生的写作。在这一单元的教学中，教师设计、研发了这样的链式任务群：读一读课文，说一说，课文描写了怎样的具体事物？议一议，课文是怎样描写这些事物的？想一想，课文描写这样的事物的目的是什么？通过这样的三个任务，搭建了学生语文阅读感知、阅读思考的平台。立足于单元整体，设计链式任务群，能让学生打破单元的固化编排格局，展开自主性、自能性的语文阅读活动。学生在阅读的过程中不仅会主动认识“课文写了什么”，积极地探寻、分析“课文是怎样写的”以及思考“课文为什么要这样写”。这样的链式任务群，能引导学生深度地学习语文知识。在小学语文阅读教学课堂建构中，课堂往往因“任务”而精彩，而“任务”则应当贯穿于学生语文课堂学习的始终。对于学生

的语文学习组织来说，“任务”应当发挥积极的导向、调节、促进功能。因此，设计、研发高质量的链式任务群，能将学生的语文阅读学习向语文学科本质更深处推进。

四、辐射任务群：优化学生的语文学习方法

辐射型任务群是一种以“原点”为中心的发散型任务结构，有助于优化学生的语文学习方法。在设计、研发辐射性的任务群时，教师要把握好“中心问题”“核心问题”“关键问题”等方面。围绕这些内容，设计研发发散性的小任务和子任务，并采用大任务和小问题的方式引导学生的语文阅读，优化学生的语文学习方法，让学生对语文文本进行自主性的文本解读并深入文本。此外，辐射性的任务群也有助于学生的语文学习迁移。为此，教师要把握好一个语文单元的“种子课”，要将“种子课”设计、研发成“精读课”，将其他的语篇作为积极的语用课、迁移课和自主阅读课。以部编版语文五年级上册第八单元的教学为例。本单元围绕“读书——好书不厌百回读，熟读深思子自知”这样一个主题来编排。为了让“读书”这个主题更具有辐射性、引领性，教师将这一单元前置，围绕“读书”设计、研发了辐射性的任务群：①探究古人的读书方法和读书态度；②探究名家的读书方法、读书体会；③建构自己的读书方法、读书心得。通过这三个任务，深化学生对“开卷有益”“读书有益”的认识，并且让学生掌握一定的读书方法，优化学生的读书品质，培养学生的读书策略。其中，读书方法是贯穿于单元教学始终的问题，能引导学生学习相关的语篇。不仅如此，有了对读书方法的一种认识，学生就能应用这些读书方法，去解读教材单元中的相关语篇，这就是单元任务在学生语文学习中的迁移和应用。辐射性任务群的设计与研发在优化学生学习方法的同时，也能有效地引导学生从文本向实践进行迁移，从语文知识向语文能力过渡，从而培养学生的积极语用

能力。

五、结构性任务群：优化学生的语文学习素养

结构性任务群是链式任务群以及辐射性任务群的一种结合。如果说，链式任务群是一种纵向的任务群，辐射型任务群是一种横向的任务群，那么，结构性任务群就是一种纵横交错的任务群。在小学语文阅读教学课堂建构中，教师不仅可以以链式任务群、辐射性任务群引导学生的语文学习，而且还可以采用结构性的任务群，优化学生的语文认知结构，提升学生的语文学习素养。设计、研发结构性的任务群，一方面要遵循语文学科教学的指导思想和育人目标，另一方面更要遵循学生的语文认知规律，遵循学生语文生命成长逻辑。设计结构性的任务群，要找准设计的起点和终点，要将语文教材转化为学生的“学材”，通过对语篇和单元等的还原和联结，让学生的语文学习从传递走向建构。例如，部编版语文五年级上册第三单元是一个“民间故事”单元。在设计、研发这一单元的语文学习任务时，教师以“讲不厌的民间故事”作为切入点，设计了“民间故事博览会”“海力布故事和牛郎织女故事发布会”“策划故事连续剧”三个结构性任务。第一个任务是总体性的任务，能唤醒学生的民间故事认知，促进学生对民间故事的互动和交流；第二个任务是在第一个任务的基础上，围绕教材单元文本展开，同时有所指向和侧重，主要引导学生自主阅读《猎人海力布》和《牛郎织女》；第三个任务是对前面两个任务的发展和提升，在完成这个任务时，学生既可以将教材单元文本改编成剧本，也可以将自己熟悉的相关的民间故事如《孟姜女哭长城》《梁山伯与祝英台》《白蛇传》等改编成剧本，并准备相关的道具进行戏剧表演。结构性的任务群，拓展了学生的语文阅读时空，为语文教材文本与教材外文本、语文教材文本与学生阅读经验建立了联系，实现了语文阅读人文价值与工具价值的有机统一。同时，

结构性的任务群，不仅有助于学生在语文阅读过程中联结自我经验，更有助于学生联结他人经验。

建构“学习任务群”视域下的小学语文阅读教学课堂，不仅打通了学生语文学习的内循环，而且疏通了学生语文学习的外循环，通过内外循环的能量交换与信息注入，实现了学生语文综合素养的可持续性发展。同时，任务群视域下的单元整合，突破了单篇文本教学的因循守旧，改变了学生的语文阅读学习习惯，让学生的语文学习形成了一体化、多层次的格局。因此，任务群视域下的语文阅读教学，促进了学生主动学习和深入学习。

（作者单位：天津市北辰区金艺小学）

“双减”下，小学数学课堂之变化
——以六年级数学课堂为例

栾　迪

一、背景思考：创新的动因和意义

（一）落实国家政策

《国家中长期教育改革和发展规划纲要（2010—2020 年）》首次提出“在减轻小学生负担方面走在前列”。《小学生减负十条规定》（征求意见稿）中特别指出：“小学作业一律不留书面材料。”坚持“五育”并举，坚决防止学生学业负担过重，素质教育要全面发展，要培养社会主义建设者和德智体美劳全面发展的接班人。

（二）促进亲子关系

孩子回到家中不用再被烦琐的作业缠身，而是可以与家人进行更加快乐和幸福的交谈，能有更丰富的业余生活，同时也能在这段时间内发展自己的兴趣和爱好。所以说书面作业在小学阶段是不能“出”校门的。这样不仅能为小学生的心理健康发展提供基本的保障，也能为孩子带来一个更加充实有趣的童年生活，提升家庭的氛围。

（三）建立多元评价体系

此举措的研究还能尝试改革教育评价体系，打破单一的分数评价体系，破除“唯分数论”，破除“唯升学论”。一个完整而美好的童年时光，对孩子以后的心理健康成长都有着至关重要的影响，小学阶段实行随堂完成作业的措施，建立多元评价体系，整体提高学生的核心素养。

二、理念阐述：创新的思路和理念

目前虽然一直都在强调让学生自主学习，但一般来说，自主学习的这种方式大多是存在展示课当中。而“双减”政策的提出，让教师的“教”和学生的“学”都需要改变。与此同时六年级的学生心理认知水平开始发生变化，由以前的被动吸取知识有意识地转化成自己主动去寻求知识的真相。基于这些，培养学生自主学习的能力不再是一件流于表面的事，而是真真切切需要去实施，帮助学生提高成绩，达到减负不减质的目的。

课堂是学习的主阵地，而学习的主体应该是学生。“双减”政策的提出，让学生自主学习不再是一句口号，而真正需要老师一起努力，培养学生独立学习的能力。充分发挥学生在课堂上的主体作用。体现学生在数学学习中的主动性和独立性。

在研究以前笔者以“轻负优质——让数学作业不出校园的实践研究”为题进行区级课题研究，在研究过程中，开展研读教材、单元课程整合活动，为了教师能从机械、低效的单课时教学模式中跳出来，我们在学期初就进行了单元知识的跨单元、跨学期整合，形成了一至六年级教材整合思路、课时、教学内容的设计，既节约了课时、提高了效率，又促进了教师对知识内在联系的深入理解，在吃透教材上实现了突破。同时开展提高课堂效率的策略的研讨活动。

（一）落实精讲多练

在老师们精讲的同时，学生们在课堂上也是练得不亦乐乎。每节课上老师讲完新授部分后，同学们就在课堂上写练习题。而且会给学生留出10分钟作业时间。学生在写练习题时，老师们不停地在教室里来回转圈，学生们做完题，老师们当场就给出了答案。一圈下来，所有学生对知识点的掌握程度都一目了然，如果完成得不是很理想老师还会接着讲解。“双减”背景下的课堂，将老师们反复讲解的过程，变成了学生自主学习的过程和学以致用、举一反三的运用过程。

（二）加强集体备课、精心设计课堂练习

学科组系统设计体现素质教育导向的基础性作业，针对不同的学习环节，探索设计不同的功能型作业。不仅要遵循教育规律和学生学习规律，精选作业内容，提前研判试做，根据课程标准，结合学生学习发展情况，合理确定作业数量和时长，注重增强学科能力和学生综合素养，解决实际问题。

三、具体方法：创新的做法和措施

（一）课堂教学的“前测”

数学知识也是可以进行前测的。数学教师可以针对学生前测内容，了解学生学习情况，学生也可以通过阅读教材，只是对书面上的知识有了初步了解，形成一个初步印象。所以在学生每次完成前测时，教师可以让学生思考三个问题：通过自己阅读教材，你学会了什么？你还有什么知识没弄明白？你还想学习什么知识？这样一来，学生经过前测，对第二天将要

学习的内容有了一定的了解，从某种程度上减轻了老师上课的负担，加快了课堂的整体进程，让授课教师有所针对地去重点讲解。

（二）课堂“教”“学”的有效统一

课堂是学习的主要阵地，在学生进行前测后，教师可以针对本节课的内容，在课堂教学时，提出一些问题，问题可由易到难，一些简单的问题，学生经过前测的自学就可以弄明白的，教师就可以一带而过。稍难一些的问题，一些学习能力强的学生在探究时经过思考也是可以弄明白的。

（三）无书面作业倒逼课堂教学改革

为了让书面作业不出校门，就要在课堂上完成当天任务，这就要求教师精讲多练，因此教师只有做到课程整合，对教材内容烂熟于心，才能挤出更多的时间进行练习，促进教师的专业发展。

（四）双减下的家庭作业

（1）设计活动作业，让学生乐于参与

数学新旧知识之间是紧密相连的，已有知识是学习掌握新知识的基础。在学习新知前，可以布置前置渗透性作业，例在学习六年级上册学习位置与方向，作业形式可以布置小制作、小调查、小研究，建立已有知识与新知的联系，为探究新知做好准备。

（2）设计游戏性作业，让学生在“玩”中学

“喜欢游戏是孩子们的天性”，布置以趣味性为主的作业，游戏中掌握知识，快乐学习。例六年级下册的鸽巢问题，可以让学生自己动手试一试、分一分，感受一下“分”的过程，在这样的探究作业中理解“总有一个至少有”的含义，也可以增强合作意识，体验数学学习的快乐。

(3)联系生活，让作业更贴近生活

数学教师必不可少的能力就是利用生活素材，更要利用生活这片广阔的天地延伸课堂教学。在例题六年级下册百分数的解题方法(2)中，可以针对家庭需要购买的物品进行货比三家，比较打折、满减的价格。真正做到让学生在现实生活中感受数学的存在，在实践中运用数学知识。

四、实际效果：创新的成绩和反思

一是既减轻了学生的课业负担，也为家长进行了减负，有更多的时间增加亲子时间，家长可以根据学校布置的活动主题，指导孩子学做家务、制作美食，与孩子一起做游戏、散步、聊天，带孩子参加各种社会实践活动，进行体育锻炼等项目等，促进亲子交往。

二是非书面作业不出校门后，学生有更多的时间去完成动手操作类的作业或参与社会实践类活动，让孩子真正从书本的学习负担中走出来，去社会中学习，多接触大自然，以便于学生全面发展。

三是课堂教学也必须同时体现“让学生自主学习、主动学习”这一理念，教师可以从课堂40分钟时间里截取10分钟，前3分钟学生提问，后7分钟当堂达标加课堂反馈，提高教学效率。“双减”理念，把童年还给学生，把学生还给家庭，如此为人师表的我们，更应该时刻把学生身心的健康发展放在心上，肩负起既教书又育人的使命。

(作者单位：天津市北辰区普育学校)

第四章

提质增效——探索打造高效课堂

“双减”下，对提高课堂效率和高效课堂教学有了更高的要求。想要更好地落实“双减”，达到全面压减作业总量和时长，减轻学生过重作业负担的目标，就要确保学生在校内学足学好，努力提高课堂效率。立足课堂落实“双减”计划，用足课堂提高教学质量。

落实“双减”，高效课堂

王　瑞

2021年7月24日国家正式发布了《关于进一步减轻义务教育阶段学生作业负担和校外培训负担的意见》，包括“总体要求”即“全面压减作业总量和时长，减轻学生过重作业负担”，提出的工作目标为学校教育教学质量和服务水平进一步提升，作业布置更加科学合理。“双减”下，对提高课堂效率，高效课堂教学有了更高的要求。小学数学高效课堂教学模式的构建还应该从学生出发。

一、创设良好的数学学习情境　激发学生学习的内驱力

根据小学生的心理特点，认知规律及教学内容创设良好的数学学习情境，产生对新知探究的需要，激发学习的内驱力。如在《可能性》课堂教学一开始，教师可以选择学生比较喜欢的奇趣蛋中的玩具作为课堂导入，其中可能会出现各种各样的玩具。但是由于奇趣蛋的大小问题，所以不可能抽出大玩具。在课程导入环节中引入学生感兴趣的内容，可以快速吸引学生们的注意力，并且将他们注意力通过关联转移到教学内容“可能性”上，这样就可以在学生的全身投入下开展高效课堂教学。又如，在“24时计时

法”一课中，考虑到是与时间测量单位有关的内容，与学生的实际生活密切相关。因此，笔者把生活中的情境引入课堂中，以学生熟悉的一天的生活为导向，通过认知冲突，引出 24 时计时法，并通过表盘的拉伸直观地展示一天时针走两圈的事实，从而让学生充分了解普通计时法和 24 时计时法之间的关系和转化。通过良好的数学学习情境，不仅激发学生的学习兴趣，还能发挥学生的主观能动性，激发学生的探究欲望和学习内驱力，为高效教学提供有力保障。

二、精讲多练，精心设计教学活动，提高课堂效率

依据学校的数学教学模式，在“双减”背景下，数学作业不出校门，向课堂要质量的形式，减轻学生负担的同时，提升教师高效课堂的能力。精讲：时间精简。一节课 40 分钟，精讲占 10 分钟左右，在这 10 分钟之内，需要突出重点，突破难点。内容精炼：教师要在课下时间认真研读教材、课程标准等，精心设计教学方案，提炼重点内容。过程精细：在上课过程中，尊重学生主体地位，引导学生思考、交流、质疑并及时反馈。语言精准：在课前，教师仔细揣摩上课用语，努力做到语言简洁扼要，使学生听的透彻。时间充裕：一节课 40 分钟，多练占了 20 至 25 分钟时间，这样学生在练习中巩固了新知，学生在写练习题时，教师在教室里不断来回转圈，学生写完题老师当场判。一圈下来，所有学生对知识点的掌握情况教师一目了然，如果完成情况不理想，教师会继续讲解。课上学得到位、练得到位，课下就没有作业，学生便有了更多的时间做自己喜欢的事情。题型丰富：结合学生年龄特点及教学内容设计丰富多样的练习题。这就需要教师在备课时，研读教材，合理设计练习，做到不重复练习，不遗漏知识点练习。难度变化：结合学生的差异性，设计由浅入深有梯度的练习题。方法多样：设计常规性练习、探究性练习。及时反馈：每练习一道题，教师及时进行批阅，学生

立即修改,课堂上把知识漏洞及时补上,提高学习效率。

三、教材知识整合,提高教学效率

现在,大部分学生对单个的知识点的掌握还不错,但对知识与知识之间的联系还有欠缺,不能形成完整的知识网络。这样零散的学习,对学生数学的学习以及习惯的养成极为不利。所以教师在教学时不仅要加深学生对新知识的理解,同时还要加强对旧知识的总结,可以利用思维导图、知识树、知识网络等方式将学生学习过的知识串联起来,方便学生进行记忆。而教师为了落实"双减"、提高课堂效率,进行知识的整合教学,这样几个课时的内容由于有一定的关联性可以综合到一个课时里进行学习,对学生知识网络的构建起到了启示作用,有利于学生整体知识的建构,同时也节省了教学的时间,教师利用节省下来的时间可以查漏补缺,让学生课上就能学好学透,减轻学生的课业负担,落实双减。这样,对老师的要求就会更高,教师要做到课前研读教材教参进行课程整合、约取教学内容、精选课堂练习。为了能从机械、低效的单课时教学模式中跳出来,教师应进行跨单元、跨学期的单元知识整合,形成一至六年级教材整合思路、课时和教学内容的设计,这样一来不仅节省了课时,还提高了效率。"双减"下的课堂,把教师反复讲解的过程变成学生的自主学习过程和学生学以致用、举一反三的应用过程。

四、合理运用信息技术提高课堂效果

目前数学课堂信息化教学水平不断提高,有效优化小学数学课堂教学,数学教师要充分利用信息技术优势,在具体的信息化教学实践中合理发挥信息技术优势。学校学科组根据所教数学的知识,制作微课用于数学学科教学前、教学中、教学后以及综合运用于教学各环节的试验研究并取得了良好的成果。有的微课是课前预习性的，比如《平行四边形的面积》，解决了课上难点的攻克；有的是课上用的，拓宽学生的知识，比如《数对》一课中，数对在生活中的运用；有的是课后作业时用的微课，可以帮助不同层次的孩子再次巩固理解课上的重难点，比如《24 时计时法》等。通过微课运用到常态课中，学生的学习能力和学习兴趣大幅度提高。应用微课的教学促进了教师专业化的成长，同时提高了课堂效果。同时各种信息技术的支持，如希沃白板里的竞赛小环节、PPT 的竞猜幻灯片设定、狸米学习里的随机点名、微信小程序等不仅为课堂注入了新鲜的活力，且极大地调动了学生的学习热情，学生的学习主动性增强，参与度提高，自然而然的对待数学的态度就会转变，他们变得越来越喜欢学习数学，课堂效率也就相应地提高了。

总而言之，“双减”给教师们提出了更高的要求，教学效率、教学质量都要跟着不断提升。所以“双减”是教师不断提升教学水平，用高效率课堂换取学生课业负担减轻的过程。轻负优质，向课堂要质量，向课堂要效果，需要学生的学习热情，教师的教学智慧，共同打造“双减”下的高效课堂。

（作者单位：天津市北辰区普育学校）

"双减"视野下高效课堂初探

张　瑞

双减政策是指要有效减轻义务教育阶段学生过重作业负担和校外培训负担。国家"双减"政策出台后,对教师的教育教学提出了更高的要求,想要更好地落实"双减",达到全面压减作业总量和时长,减轻学生过重作业负担的目标,就要确保学生在校内学足学好,努力提高课堂效率。然而疫情的反复、线上线下教学的切换,使学生们不适应,更产生了厌倦学习的情绪。这种情绪需要新鲜的事物来刺激,从而引起学习动机,这让我想到了孔子的教学方式,即学生问,教师答的方式。

子贡倦于学,告仲尼曰:"愿有所息。"仲尼曰:"生无所息。"自古以来,学生们对待学习都会有惰性和厌倦的情绪。我常听同事们在办公室议论:"这某某同学啊,不提学习,是样样都好,一提学习,我就火冒三丈啊!"学生对学习的厌倦和老师不厌其烦地督促,已经快要将老师和学生推到对立面上去了,这种状况是亟待解决的。

我所教的班级是从一年级带到五年级,即便是这样,也仍然有一部分同学存在厌倦语文学习的情况,这使我的语文课上起来很吃力。一节语文课一要有阅读,二要有思考,三要有表达。五年级的学生可以独立阅读,也可以独立思考,但是表达却很缺乏,随着年龄的增长,他们大多不愿意主动回答问题。对此,首先要弄清楚学生们的心理状况,再对症下药。心理学原理告诉我们,唯有新鲜的事物才能给人以刺激,令人关注和兴奋。我的语文课上又缺少了怎样的刺激呢?

前不久,有一位元宝山小学的教师来我校做“同课异构”的活动,我发觉我们班的学生听课状态好,学习效率高,在课上被激发出强大的潜能。回去经过与个别同学的谈话,我知道是由于换了老师来教,之前学生们熟悉了我的言谈举止和评价方式,觉得没有新鲜感了,而远道而来的老师虽然陌生,却给他们带来新鲜感,从而激发了学生们的学习动机。然而,经常更换老师是不现实的,但更换课堂教学形式,激发他们的学习兴趣,引起他们的学习动机是可以尝试的。

这让我首先想起了教师的典范——孔子,想到了孔子和他的弟子,从而想到了《论语》。我发现孔子教育弟子的时候经常是采用师生问答的方式。我们今天在教学中也会使用问答法,但是孔子教学中大多是学生来提问,自己来解答。问和答的主体不同,得到的效果也是不同的。例如:颜渊问仁。子曰:“克己复礼为仁。一日克己复礼,天下归仁焉。为仁由己,而由人乎哉?”颜渊曰:“请问其目。”子曰:“非礼勿视,非礼勿听,非礼勿言,非礼勿动。”颜渊曰:“回虽不敏,请事斯语矣。”向老师提问,需要做好准备工作,颜渊在问老师问题之前一定是认真思考过的,所以当老师回答完他的问题后,他还要继续追问下去,直到得到自己满意的答复为止。现在的学生们是不是也需要这种方式的课堂呢?我想,由学生来提问,那么在课前就很轻松地解决了一部分语文阅读和思考的问题。在课上,通过具体的问题与追问就可以解决表达的问题。

马克思说过,人是主体,自然是客体,主观性便是从客观世界的角度揭示人由受动变为主动、能动的特征。在课堂上只有充分调动起学生们的主观能动性,才能高效。所以我也想效仿孔子的教学,让学生自己来提出问题,由老师和全班同学一起分析问题、解决问题。课前同学们通过阅读预习才能提出问题,有独立思考,培养学生们的阅读能力;课上问题抛出后班内可以合作探究，培养了学生的交流、合作和表达能力。五年级的教材中略读课篇目很多，于是我进行了大胆的尝试。选择了《慈母情深》这一课，分配好任务，给了大家一个晚上的时间准备，让我惊讶的是，学生们所提出的问题几乎涵盖了所有我设计的问题，抓住了文章通过动作、语言和神态描写来表现慈母对孩子深深的爱的重点，此外课堂气氛比以前好了很多，学生们状态也好。但也存在一些问题，是我之前没有预想到的。具体表现为：第一，提出的问题较多，天马行空，碎问碎答，缺乏整体性；第二，耗费时间长，课堂环节不流畅；第三，问题大多点到为止，分析不深入，如缺乏体会类和情感升华类提问；第四，缺乏朗读和方法的指导。简单来说，学生们可以提出问题，但是分析问题和解决问题存在一定难度。

针对以上的情况，我发现由一个同学提问，由教师和全班同学来回答的方式似乎不适合三四十人的班级，因此我利用小组合作学习来优化，进行合理的资源配置，即换一个小组来提问，其他小组和老师来回答的形式。学校一直以来都采用“团团坐”的课堂形式，即四人一个小组，分别编码为A、B、C、D，AB为学习能力相对强一些的学生，CD为学习相对吃力的学生，座位会随时进行调整，在平时合作探究问题时，每个小组都会倾向于给CD同学机会先来表达自己的见解，而后AB同学再加以补充，从而形成合作共赢的效果。那么在开展别样的问答教学时，小组内正好可以形成问题的梯度，CD同学可以针对词语解释、主要内容和修辞方法等知识点进行提问，同时鼓励AB同学大胆提出整体性的问题，然后四人把问题汇总在一起，去其糟粕，取其精华，委派组内一人进行提问，保证提问的质量。例如，在教学《“精彩极了”和“糟糕透了”》这节课时，同学们提出了“针对父母截然不同的评价，巴迪是怎样认为的？”“你是从哪些地方看出父母都很爱巴迪的?”这样的问题，具有整体性，这种全局思想正是在小组的交流和讨论中培养出来的。这样既节省了课堂上的时间，又克服了问题多、难度低的困难。

然而，针对问题分析得不够深入和缺乏朗读指导、方法指导方面，教师的作用就非常大了。这样的课堂上老师要做到眼观六路、耳听八方，要适时归纳、整理和总结，有针对性地选择与课文重难点相关的问题，加以讨论和评析。

此外，在小组来提问的过程中，教师要提一些具体的要求，让学生们做到心中有数，不仅要学会正确表达自己的见解，更要学会倾听他人的回答。在内容方面，提问的小组务必做足准备工作，问题要有梯度，先易后难，要知晓这个问题的正确答案，这样才能进行流畅的交流，当其他小组和教师给予回答或追问时，要认真倾听，以便继续深入交流；在形式方面，可以由一人提问和回答，也可以小组内其他人根据大家的回答及时补充问题。

这样的课堂对于高年级学生来讲是有必要尝试的。课标中也指出，学生发展的核心素养是学生应具备的，能够适应终身发展和社会发展需要的必备品格和关键能力。这个能力是许多年后可留下来的，可再生的，对学生们最重要的东西。那么作为教师，学生来提问，也许备课更加有难度，上课更加有压力，因为学生们的阅读和思考都是个性化的，那么表达也是带有个性色彩的，需要做好充分的准备。正所谓教学相长，我希望在语文课堂上，看到孩子们发光发热，学有所得。路漫漫其修远兮，吾将上下而求索。

（作者单位：天津市北辰区普育学校）

立足课堂教学,实现课堂增效

张甜甜

随着双减政策的不断展开,大家对双减的看法褒贬不一,有的家长甚至产生焦虑,担心在这个大背景下教师的教学会有所松懈,作业总量的减少会影响学生知识的巩固。作为教师我们要及时更新教育观念,立足课堂,课前认真备课,精选习题练习,抓好课堂上的有效时间,打造高效课堂。因此,我针对如何在小学数学课堂中实现课堂增效展开研究,探索出一条符合当今时代潮流的新的教学道路。

一、课堂增效的几种策略

(一)注重教学活动,打造趣味课堂

爱玩是孩子们的天性,在教学中我们可以适当增加一些游戏让课堂变得更加有趣味性。通过创设有趣的课堂情境能帮助学生快速地融入课堂当中,在快乐的氛围中进行知识潜移默化地渗透,从而达到对知识的高效吸收。游戏的环节打破了传统枯燥、沉闷的教学方式,不仅让学生积极主动地在快乐的氛围中学习,还增进了师生间的感情。

例如,在教二年级下册《万以内数大小比较》时,我们可以结合故事情

境以动物王国举办射击比赛的形式，先出示比赛规则，通过让学生分别读出熊大、熊二、光头强和吉吉国王的分数来回顾前面所学到的万以内数的认识，再根据大家的分数进行大小比较的探究。

初步掌握新知后我们可以设计游戏情境进行知识的巩固，先派两名同学进行抽签，各自将第一次抽到的放在个位上，然后由低位到高位再将抽到的数字依次放在各个数位上，哪一队抽到的数字组成的数大，哪一队就赢。如果两队组成的数一样再重新进行抽签确定胜负。我们还可以变换游戏规则继续游戏，如抽签者将自己抽到的数字自行决定放在哪一数位上，再根据数的大小决定胜负。让学生切身体会到当我们把数字由大到小排列时组成的数最大。以游戏的形式进行知识的巩固，每个同学的积极性都非常高，个个跃跃欲试，这样不仅能活跃课堂氛围，还能加深学生对知识的掌握，增添了数学学习的趣味性，使学生爱上学习，爱上数学。

（二）利用信息技术，增添课堂魅力

在课堂教学活动中我应用较多的多媒体软件是幻灯片和希沃白板，幻灯片的制作相对比较简单，也是教师掌握最熟练的一个平台。而希沃白板类似于幻灯片的形式但又有些不同。希沃白板的互动式教学非常明显，学生参与程度高，操作起来相对容易，用它制作的课件更加丰富多彩。希沃白板的课件资源云同步，内置可靠的云存储服务，教师再也不用被U盘束缚，课件资源随教师讲课内容走。里面还有很多有趣的课堂活动，如：知识配对、趣味分类、趣味选择、超级分类、分组竞争、选词填空、判断对错等。在游戏化的教学中，能快速吸引学生的注意力，也是整节课的点睛之笔。

下面以《分类与整理》一课为例，利用希沃白板实现信息技术与小学数学课堂融合。先以介绍老朋友的形式展示图1，让学生猜一猜他是谁，在课程开始便激发了学生的学习兴趣。这里我选择了利用添加遮罩的方式遮挡了我们的老朋友——大耳朵图图，在学生回答后，用鼠标轻轻点一

点便可将图片显露出来。当然，我们还可以选择添加蒙层的方式来遮挡图片，再借助里面的橡皮工具擦一擦，这样就可以将答案显露出来了。接着，再以大耳朵图图所遇到的困难为线索，探究本节课的重难点。通过让学生动手整理房间初步体验分类与整理的过程，如图2。

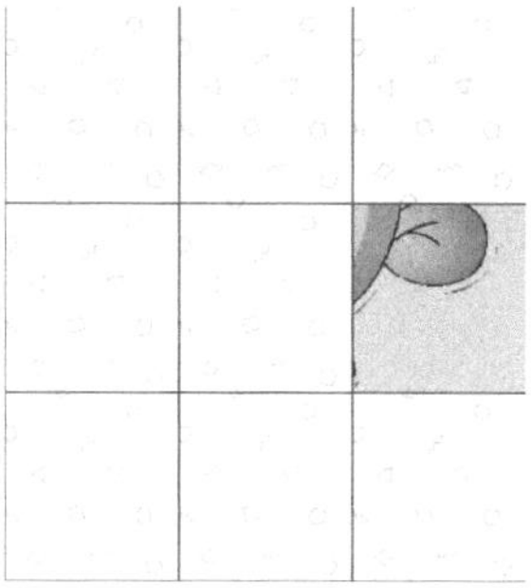

图1　介绍老朋友

图2　整理房间

在学生实践操作后引出分类的概念——把同一类物品放在一起就叫分类。并通过分气球的方式让学生经历多种分类形式，如：按形状分类和按颜色分类。我们还可以利用希沃白板的课堂活动进行巩固练习，完成相应的练习。这样不仅调动了学生的学习兴趣，还掌握了本节课的重难点知识，加深了对知识的理解。

希沃白板中还有很多功能是我们可以学习和应用的，例如，一年级下册《认识小额人民币》一课在讲解人民币的单位时，我们需要进行元、角、分的读写。这个时候，就可以借助学科工具中的汉字来帮助我们指导学生进行读写。当然，学科工具中的数学画板里面也有很多有趣的内容值得我们学习并应用到课件当中，这里的操作也是非常简单的，只需要点击插入画板即可，教师就可以将它应用到课件当中了。

（三）留给学生充分地思考空间，发展创造性思维

“学启于思，思源于疑”，只有对知识产生疑问才能引发学生积极思考，从而达到掌握知识的目的。作为教师必须善于以学生的兴趣为出发

点，精心设疑，让学生带着疑问探索问题。

例如，在执教《推理》一课时，我先营造侦探学院招生的故事情境，出示招生要求：年龄不能超过45岁，然后创造问题情境让同学们根据两点提示“光头强的年龄比41大比44小”“光头强年龄的个位数不是2”以此来推测光头强的年龄，进而判断他是否满足招生条件。我们还可以通过比赛闯关的形式创设问题情境来探索新知、巩固新知。创设有趣的问题情境能激起学生的探索欲，诱发学生积极思考问题，提高学习效率。

（四）精讲精练，打造高效课堂

教师要准确把握新课标对各部分教学内容的要求，在课堂设计上以学生为主体，给学生充分的思考空间。在习题设计上要做到简而精，采取分段设计，分层推进，节约时间成本，打造高效课堂。

在设置习题上我们还可以加以创新，例如，在《锐角和钝角的初步认识》一课，利用幻灯片的超级链接，实现不同页码的转换，如图3。通过“你长大了想当什么？”选择不同的职业，完成相应的练习，如图4。这样不仅调动了学生的学习兴趣，还掌握了本节课的重难点知识，加深了对知识的理解。

图3　职业选择

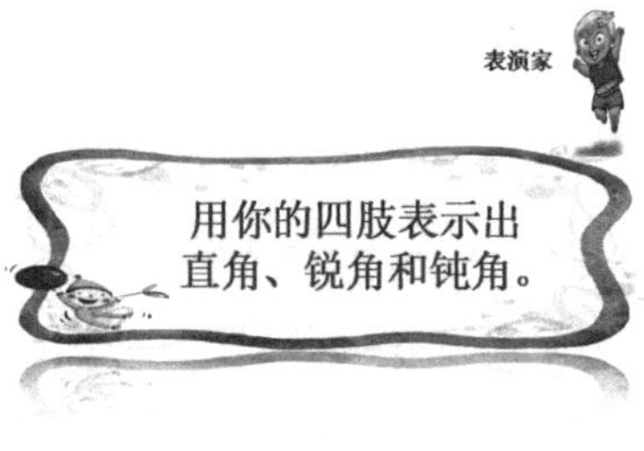

图4　表演家对应练习

二、课堂教学的注意事项

(一)课件不能完全替代板书

现实中已经有很多教师利用信息技术进行教学时脱离了黑板和粉笔,但是教育改革并不等于淘汰。传统教学中还有很多无法替代的地方,如:板书是体现一节课重难点知识的有效途径,虽然课件也可以显示重难点知识,但是对于讲到的内容无法做到随写随看。所以在应用信息技术的同时,我们也不要忽视板书的重要性,好的板书有提纲挈领的作用,有助于学生及时巩固知识。

(二)正确处理教师、学生、多媒体之间的关系

运用多媒体信息技术教学是为了增进师生交流而不是替代师生交流。现代信息技术容易使部分教师过度依赖多媒体设备,认为教学内容就是点鼠标、读屏幕,从而忽视了教师的主导地位。多媒体教学只是一种辅助的教学手段,它不能替代教师与学生之间的互动交流。在教学过程中,要站在学生的角度思考问题,给学生充分表达自己观点的空间,把课堂还给学生。

(三)注重教学内容的选择

教师应结合数学教材内容的重难点设计出符合学生认知规律的课件。课件的内容要简而精,不能过度使用。同时,我们还要注意教材与课件之间的关系,课件是为了辅助教材,而不是替代教材。在课堂上教师也要适时指导学生使用教材,给学生充分阅读课本的时间。

（四）注重隐性课程的开发与利用

隐性课程一般指潜在的课程，它是一种非学术性的学习结果，对学生的教育产生一定的影响。例如，在《比例尺》的学习中，我们可以利用现有的教学资源和学校的地理环境帮助学生理解比例尺的含义。我们还可以将商品房的平面图纸作为练习题。以这样的方式不仅巩固了所学知识，还了解了很多生活常识，有效地还原了真实的生活情境，让学生切身体会到数学的重要性，感受到数学的趣味，真正做到学以致用。在课堂教学过程中，我们还应积极渗透爱国意识、人文意识，帮助学生树立正确的价值观。

总之，在双减这个大背景下，我们要立足课堂，课前认真备课，精选习题练习，抓好课堂上的有效时间，正确处理信息技术与教师、学生、教材之间的关系，实现信息技术与小学数学融合，从而打造高效课堂。与此同时，我们还要进行线上线下相结合的跟踪研究，针对学生的练习完成情况及时进行反馈和评价，加强教师关怀，探索出一条符合学生发展的完善的课堂教学体系。

（作者单位：天津市北辰区普育学校）

“双减”政策下高效课堂的构建策略

王　静

“双减”政策的推进促进了教师思考课堂教学改革，面对减负提质的要求，如何在减轻学生课业的前提下，让学生的学习更高效是教师需要思考的问题。作者从课程内容、课程资源、教师、学生等方面入手，提出构建高效课堂的策略，更好地促进学生的课堂学习。

一、研究背景

2021 年“双减”政策颁布，对学校、社会以及培训机构都是一次历史性的挑战，它将学习的主阵地重新拉回学校，同时减轻繁重的作业负担，达到减负提质增效的目的。在作业设计上，就要探索多层次、具有针对性又避免重复的作业；在课堂上，就要给学生充分的时间、空间去实践、思考、交流，强调学生在学习中的真问题、真过程、真交流、真感悟。关注学生是否找到了适合自己学习的方法，从而激发他们内心的热爱与内在的动机，发展自主性、能动性和创造性。2022 年数学新课标颁布，与“双减”的目标不谋而合。新课标提出数学课程的目标是培养学生的核心素养，即：会用数学的眼光观察现实世界、会用数学的思维思考现实世界、会用数学的语言表达现实世界。课程目标以学生发展为本，以核心素养为导向，使学生获得“四基”，发展“四能”。课程内容注重数学知识与方法的层次性和多样性。在现代教育改革的背景下，在“双减”政策的推进下，在新课标颁布教材还未改变的情况下，整合课程资源，提高课堂效率，这是达成教学目标的重要手段。

二、构建高效课堂的策略

（一）整合教材内容，优化教学设计

新课标中指出，在教学中要重视对教学内容的整体分析，帮助学生建立结构化的数学知识体系。通过将相关联的主题内容进行整合，帮助学生用整体的、联系的、发展的眼光看问题，形成科学的思维习惯。在教学中推进单元整体教学设计，体现数学知识间的内在逻辑关系，合理整合教学内容，整体设计，分步实施，促进学生对数学教学内容的整体理解与把握。教师要对教材内容进行整合，优化教学内容，提高课堂效率，将重复的内容简化，将有联系的内容进行系统的联系，将分散的知识点有机地联系在一起，建立知识体系，深化知识结构。

比如三年级上册中第二单元《万以内数的加减法（一）》和《第四单元万以内的加减法（二）》可以合并，使计算的学习更加连贯；第三单元《测量》和第七单元《长方形和正方形》合并，完成图形测量和周长的研究内容，形成完整的知识体系；这是单元间的整合。单元内的知识点之间也可以进行整合，比如第五单元《倍的认识》中，设置了 3 个例题，分别是认识倍、求一个数是另一个数的几倍、求一个数的几倍是多少。在教学中，教师尝试将例 2 和例 3 合并为一课时，创设一个情境，给出不同的已知条件，让学生去研究如何求倍数，如何求几倍数，学生的反馈比较理想，同时学生自然认识到这两个问题其实是数量关系“一倍数×倍数＝几倍数”的综合运

用。因此借助学生已有的知识经验，通过整合例题，将研究内容进行优化，也有助于学生建立全面思考的意识，对知识间的联系有更深的体会，有助于帮助学生建立知识体系。

（二）融合多元素材，激发学习热情

数学源于生活，又应用于生活。以前的教学模式会让许多学生认为数学枯燥、不切实际，只是在解决书本上给出的问题，因此我们要改变学生的这种认知。

（1）在课堂上适时介绍数学的发展史，让学生了解数学其实是人们对生活中问题解决所积累的经验的总结，这样就把看似远离实际的数学拉回到生活中，激发学生的兴趣。

（2）在教学中创设生活化的情境，让学生进入情境，真实的感知问题，解决问题，激发主动思考的欲望，通过多种形式解决问题。比如教学多位数乘一位数时，设置的情境为班级秋游活动，学生有亲身体会，自然会主动去解决提出的问题，学生兴致很高；教学长度单位千米的认识时，借助学生在操场测量的 100 米的距离为参照量，让学生通过想象体会 1 千米的长度；真正做到主动、积极参与学习过程，提高课堂效率。

（3）借助网络资源，实现课堂的多样化。信息化时代，网络资源很丰富，也能将数学中难以实现的操作可视化。比如探究圆的面积时，化曲为直的思想学生都知道，但是操作起来却无法达到完美的视觉效果，这时就可以借助网络资源，通过视频演示化曲为直的过程，学生的感官效果会比较好，体会也会比较深刻，有助于理解知识的形成过程，了解知识的产生与来源，做到真过程、真思考。

（三）构建“让学引思”模式，发挥学生主体地位

德国哲学家海德格尔提出“让学”理念，鼓励教师“让”位给学生，让学

生在感悟、建构的心理体验中学会学习，学会创造，做学习的主人。“引思”的方法在于点拨、引导、启发、唤醒，其核心理念是改进学生的学习方法，培养学生的思维能力和学习习惯，引导学生完成对知识的自主建构和自觉迁移，激发学生的学习激情，提升学生的思维品质和创新能力。这正是高效课堂想要的结果，当学生有了自主建构和自觉迁移的意识，那么在后续的学习中学生会越学越轻松。

比如教学多位数乘一位数时，在学习了一位进位的情况后，出示连续进位的题目，让学生自主探索计算方法，通过知识的迁移，得到连续进位就是一位进位的复制，原则不变，还是哪一位满几十就向前一位进几，记得加上进位数；教学平行四边形的认识时，让学生通过利用方格图、割补等方式得到平行四边形的面积之后，在学习三角形和梯形的面积时，完全可以放手让学生去尝试如何转化为已有知识去探索面积的计算方法，做到知识的迁移，形成推理能力和应用意识。

(四)完善评价反馈，提高应用意识

良好的评价反馈机制可以进一步巩固学生对知识的印象，加深学生对知识的理解。教师应站在双减的要求下，寻求“教—学—评”一致的评价，以便更好地促进学生的学习，落实育人目的。评价原则要以学生的深度理解为方向，能够建立在生活中迁移运用、灵活解决问题的应用意识，而不只是简单的、重复的练习。

比如数学活动课上，可以通过绘制数学小报、思维导图等展示阶段学习成果，数学小报也可以展示生活中遇到的场景，像在菜市场、超市、游乐场等，展示遇到的问题及解决办法；可以设计一个小游戏，复习 2 的倍数特征、3 的倍数特征、5 的倍数特征；可以制作宇宙飞船模型，体会立体图形的特点，同时了解航天知识，激发爱国热情。借助这个过程使学生明确学习重点，在实践中促使学生回顾知识。这些形式的评价既不会让学生觉得繁

重，又能够将知识灵活应用于生活，体现了数学的实用性。

总之，在数学教学中，教师应改变传统的观念，对课程资源进行开发与整合，利用信息技术和网络资源提高学生的积极性，利用生活实践加深学生对知识的理解和应用能力，做到用足课堂时间达到"学+练"的效果，提高课堂效率和学生的学习效率，提高学生学习数学的能力。

（作者单位：天津市北辰区金艺小学）

立足“双减”建构小学数学高效课堂

邢飞越

中共中央、国务院印发的《关于进一步减轻义务教育阶段学生作业负担和校外培训负担的意见》中要求减轻义务教育阶段学生过重作业负担和校外培训负担，如何在减负的同时保证学业质量是小学数学教师当下需要攻克的教学难关。因此，在“双减”政策下，如何促进高效课堂的实现，是目前一线教师所要探索和落实的新目标。随着2022版数学课程标准的颁布，高效课堂的实现，是时代发展的必然趋势。什么是高效的数学课堂？如何实现高效的数学课堂？是目前一线数学教师需要认真研究并付诸实践的。

一、剖析高效数学课堂本质，确定发展方向

随着“双减”政策的颁布，高效数学课堂的实现，是一线数学教师目前需要探索和追求的教学目标。“双减”与提高学业质量并不矛盾，如何既减轻作业和校外培训负担又保证学业质量？高效数学课堂是实现这一目标的有力保障。什么样的数学课堂是高效课堂？从以下几点进行剖析。

一是领会知识，强化学以致用的能力。普遍认为，数学学习离不开习题演练，学生在课堂上做题的时间是有限的，课后仍需要大量做题，导致学

生作业负担过重。“双减”并不是一味地减轻学习负担,不考虑学业质量,而是既让学生减轻学习负担,又保证学业质量。建构高效数学课堂是满足目前教学目标的有效手段。在课堂上,学生可以将知识进行很好地理解与掌握,做到当堂知识当堂达标,强化学生学以致用的能力,这样的课堂是高效的。

二是提升能力,重视数学素养的形成。数学学习不能仅停留在知识层面,而是通过学习知识培养能力,形成数学素养。高效的数学课堂在传授知识的同时,注重对学生数学素养的培养。比如,数学表达能力、思维能力、探究能力等都是数学素养形成的因素。高效的数学课堂一定是利于形成数学素养的课堂。

三是形成习惯,注重学习自律性的提升。小学数学学习主要是形成良好的数学学习习惯,奠定未来的学习基础。学习习惯与自律性的养成是对学生培养的长远目标。良好的学习习惯和自律性的养成是在日常学习的潜移默化中实现的。学习习惯和自律性是小学生普遍不足的地方,由于年龄原因,大部分小学生的学习离不开家长和教师的监督。因此,能够培养出具有良好数学学习习惯和自律性的课堂是高效数学课堂的特征。

四是培养学习兴趣,落实学习氛围的创造。主动学习所达到的学习效果是被动学习远远达不到的。无论制定什么样的制度,设计怎样的数学课堂教学,最终的目的是让学生爱上学习,主动地参与课堂学习,这样才能达到良好的教学目标。高效的数学课堂一定是学生乐意参与的课堂,是意犹未尽的课堂。因此,培养学生的学习兴趣,创设一个轻松的学习氛围,才是高效课堂的有力体现。

二、探究教学模式,促进目标实现

界定了高效数学课堂,如何实现数学课堂的高效化,是需要一线数学教师致力研究的。教学模式的设计对于实现高效课堂教学是必不可少的。针对教学模式的设计，从以下几方面进行分析。

1. 更新理念，转变模式

教学模式的改变首先要求教师理念的更新。教师要转变固有的教学理念，为高效课堂奠定理念基础。课堂教学的主要环节是讲与练。高效课堂的生成离不开优质的讲与练环节。这就要求教师精心设计和打磨讲与练环节。以一节课 40 分钟为例，传统的课堂教学中，知识讲授占 15 分钟至 20 分钟左右时间，课堂练习占 15 至 20 分钟。讲解时间过长，学生易产生疲惫、厌倦、注意力下降等降低课堂效率的现象。练习时间较少，习题类型练习不全面，不仅造成课后做题困难，也增加了学业负担。因此，针对讲与练环节进行调整是实现高效课堂的突破口。

(1)精讲知识内容，提高师生互动频率。调整知识传授时间是教学模式改变的一大进步。由原来的 15 至 20 分钟，调整到 10 分钟左右。讲解时间减少了，讲解的内容依然要全面，这就需要教师认真钻研教材，提高自身教学水平，做到精讲。通过钻研教材，认真备课，改变已有的授课方式，将知识内容以更加精炼的形式传授给学生，采用几何直观教学，提高师生互动的频率。鼓励学生勤动脑、多发言，推动教学进程。学生积极参与到课堂教学中，课堂效率自然就提高了。

(2)精心设计练习，争取效率最优化。练习环节是课堂教学中帮助学生吸收新知识，巩固提高的关键环节。练习题的选择需要具有典型性和层次性。这就需要教师不仅要灵活使用教材上的练习题，还要搜集其他练习题，将练习题分层，选取有代表性的习题在课堂上进行演练。尽可能地将不同类型的习题在课上完成，重复类型的习题可以利用课余时间完成。这样，在课上就可以提高学习效率，实现高效课堂。

2. 注重落实，提高效率

教学模式的成功转变，离不开坚持。教师需要克服新的困难，坚持教学改革。在转变之初,难免遇到困难,比如,精讲知识对教师来说是一个新挑战。缩短授课时间需要教师对教材有一个全新的把握,在吃透教材的基础上,不断磨炼自己的授课水平,精心设计互动环节,让学生更多地参与到课堂中,这样才能顺利地推动教学进程,提高课堂效率。

3. 及时反思,逐渐完善

教学模式的转变是为了实现教学效率的提高,如何检验新的教学模式是否有益于教学效率的提高,是一线教师需要进行反思的。课后,教师要对学生在各个环节的状态进行反思。比如,导入环节的反思。导入环节主要是做好新知引入和旧知复习,为新授环节作铺垫,好的导入环节可以让新授环节更加顺利地展开。如果导入环节没有起到引导作用,则存在设计不合理的问题。对于新授环节,教师需要不断提炼自己的教学水平,教师的提问水平对于启发学生思考有着重要意义,如果教学进程推进缓慢,教师应该反思是否提问语言不够明确。教师要对课堂上各个教学环节进行反思,合理的地方要加强,不合理的地方要反思问题所在,及时进行修改,确保高效的课堂教学。

三、合理设计评价方式,确保目标落实

如何判断课堂是否实现高效,需要一定的评价方式进行判断。传统的评价,一般都是在学期末进行质量检测,但是学期末的质量检测存在一定弊端,无法在发现学生问题的时候及时补救,评价的目的是为了促进学生发展,而不是为学生的学习下结论。因此,高效课堂的可持续性离不开完善的评价方式。本文从以下几点对评价方式进行设计。

1. 及时评价,查缺补漏

当堂达标的课堂是高效课堂。每节课最后几分钟设置达标环节是检验学生是否达标的评价方式,比如,练习几道计算题来检验学生对计算的

理解和运用程度;做一道解决问题,来检验学生思维的灵活性等。充分利用每节课的最后几分钟,及时评价,发现问题及时解决。

2. 评价方式多元化,提高学生数学素养

“双减”背景下的数学课堂,不仅要让学生快乐地学会知识,还要在潜移默化中提高学习能力,实现数学素养的培养。不仅要通过学生对知识的掌握与运用方面来考查学生,还要注意数学能力的考查。比如,学生的数学表达能力、数字书写、探究能力等方面都可以作为评价的维度。多角度、全方位地去评价学生,提高学生的数学素养。

综上所述,“双减”背景下的高效课堂是培养具有数学核心素养的课堂,在减负的同时保证高质量教学,让学生的素养得以提升的高质量课堂。在教师的不断探索下,会有更合适的教学模式产生。

(作者单位:天津市北辰区普育学校)

“双减”背景下小学语文高效课堂的策略研究

尚　影

“双减”政策是实现中华民族伟大复兴的前提和重要工作，也是党中央作出的重要部署，同时也是促进学生德智体美劳全面发展，促进学生健康成长的重要计策。“双减”政策遵循以学生为本的教育规律，促进学生的身心发展和健康成长，同时，也给学生的休息提供了一定的保障，让学生从思想上认识到学习是必经之路，课堂上认真听讲才是制胜法宝。因此，教师要聚焦课堂，不断优化课堂教学具体环节，向有限的课堂时间要效率、要效果，不断提高自身的教学能力，为学生打造一个高质量高效率的课堂，不断向“减负增效”的目标奋斗。

一、课堂实施，指向有效

“双减”政策下，语文课堂成为教学的主阵地。新课程标准的学习更要学通弄懂，结合任务群的使用，精心地制订符合班级学生特点的目标；课上对于学生的小测验要做到精准，抓住本课的教学重难点，反复研究与修改；在每一课的课堂练习设计中，教师要对学生有干扰的因素进行排除，要做到当堂落实练习题。

例如，三年级的阅读策略单元。这一单元的人文主题是猜测与推想，在阅读中，根据自身的背景知识以及生活经验，在课堂练习过程中，可以培养学生在阅读时，做到边读边对文本进行大胆预测，还可以让学生在书本上进行简单标注，帮助理解课文，同时也培养了学生的想象能力。

以四年级上册提问策略单元为例，在教学本单元时，可以提前给出学生提问的四个不同的梯度。第一，阅读时动脑思考；第二，从不同的角度提出问题并加入自己的思考；第三，小组合作，筛选出最有价值的问题；第四，要养成善思敢提问的习惯。

而五年级上册“提高阅读速度”的教学策略，则严格明确速读既是一种阅读技能，更是一种阅读策略，要重点引导学生掌握方法。提高阅读速度，首先要养成不回读的习惯，记录读课文的时间；其次要扩大阅读的视野，教师要教给学生抓重点段落读，抓关键词句阅读，也就是学生应当学习较快地判断文本中需要选择性地抓取哪些内容，以便更高效地阅读文章。

再以六年级上册有“目的地阅读策略”为例，大致浏览文章，根据阅读目的确定相关段落和内容。细读相关内容，选择合适的阅读方法，找中心句，提取相关信息，勾画关键词。查找其他资料整好信息，解决问题，完成阅读任务。

二、深度学习，指向主体

“双减”政策要以学生为中心，促进学生全面提高为基础。这就要求教师在课堂教学中，注意教学方法，注重学生的年龄特点，在备课之初，要选择适合每一个学生的教学方式，从而让学生爱上语文，从激发兴趣，到让学生有成就感和满足感，理念的转变学生成为“我要学”的小主人；在语文课堂中，还要注重培养学生思维的活跃程度，通过课堂上学生的语言积累与思维表达，从而培养学生独立思考的能力。根据上述所说的两方面可以看出，双减后的语文课堂在不仅要关注学生的学习，还要关注学生的学习品质。线上教学改变了传统的灌输式教学，课堂上为学生搭建创造想象的平台。通过这种方法，了解学生课堂上的学习状况，并有目标性地对学生给予指导与帮助。

三、作业操作，指向提质

针对双减后的作业布置，明确提出一至二年级不留家庭书面作业，三至六年级作业时间不超过60分钟。所以，在语文作业的布置上，值得每一位教师去思考。语文教师在作业的设计中，可以多设计一些适合学生的实践性的作业，例如课外阅读、以所学内容为题设计手抄报、思维导图等，既培养了学生的表达能力，又可以让学生对当天所学知识进行巩固。课内阅读，根据所学的古诗进行诗配画，以所学内容制作书签，形式多样。教师对学生的作业进行反馈时，要做到对当堂作业的反馈与评价进行落实，这样才能掌握学生的学习情况，从而进行相对应的辅导。有效的作业：低年级注重趣味性，如学习拼音和词语后制作拼音读卡，生字组词卡，这样调度学生读和拼的能力；中年级作业注重激励性，如学习完古诗后制作诗配画手抄报，把自己的想象融入自己的创作中；高年级作业注重时效性与主动性；如学习名著单元后自己创编连环画加故事创编。教学实践证明，课堂作业的设计要促进学生个性发展，作业内容的开放，课后练习不在多，贵在精。

四、课堂反馈，指向评价

课堂反馈是了解学生知识的掌握的第一手材料。语文课堂中的反馈是为了关注不同学生使用的学习方法和学习需要，同时也是对学生接受新知识能力情况的掌握。因为，在此环节中，就会对语文教师提出新的要求和挑战，需要教师不断地提升自己的专业知识和专业能力，才能掌控课堂

中的反馈与评价，

有效的课堂教学反馈首先是真实的反馈。在语文教学中，教师要时刻关注每一位学生的动态和细微的表情，从而有目的性地对自己的教学方式进行调解，让学生能在适合他们的学习方法中快乐的学习。学生在课堂中真实的反馈，能够让教师快速找到相应的解决办法，通过对学生的了解，找到正确的教学方向，有针对性地对学生进行指导。因此，不断提升自己的专业素养，不仅能够丰富我们自己的知识，还能在课堂上通过获取学生及时的反馈信息找到相应有效的对策，从而进行调整，达到一定的教学效果。课后，再通过对自己教学的反思，进行记录，在每一次反思中让自己快速地成长，成为一名专业的语文教师。

在“双减”背景下，以减负为前提，让每一个学生得到发展，课堂教学评价已经将关注的重心从教师的“教”转向学生的“学”。作为一名教师，我们应该向40分钟要质量，不仅要备教材，还有备学生，教师是引领者，是学生的指导者，这样才能提升语文课堂中的课堂教学质量，同时，让学生成为学习真正的主人，给予学生勤动脑、常思考的空间，给他们提供施展智慧和能力的舞台。

（作者单位：天津市北辰区金艺小学）

浅谈“双减”政策下如何提高数学课堂学习

王国旺

随着家长对学生的教育投入的时间成本和金钱逐年增多，对于家庭和学生都承受了很大的压力，为了更好地改善上述情况，教育部提出“双减”政策，来给家庭和学生进行减压，让学科教育能够回归学校、回归课堂，在保证学生学习质量的前提下，减少家庭不必要的付出，同时，留给学生更多的时间全面发展，如此一来，不仅能够让学生的综合素质得到提升，也有助于在整个教育行业内构建更优秀的教育生态系统。

正处于一线教师位置的我，对于学生的课业负担，有着深刻的体会，“双减”政策的实行对教师的教学提出了新的挑战，那么如何能够较好地实行“双减”政策，以达到减轻学生的课业负担的目的？

当然，减轻学生的课业负担，在我看来不是让学生少学习、轻教育，为了减负而达不到相应的教学质量，而是对教育工作者提出了更高的要求，如何在保证教学质量的前提下，给予学生“减负”，在有限的时间内，将相应的知识和数学思想有保障地让学生学会学懂，灵活运用，对此我们要有意识地提高课堂教学效率。

一、教师的结构化备课与学生的课前预习相结合

课堂不仅仅是教师的课堂，同样也是学生的课堂，为了提高课堂的学

习效率，对教师的备课有很高的要求，教师应有意识地进行全方位的备课，充分把握好本节课的核心知识和整单元的知识结构，从而在课堂教学时进行有意识的课堂讲授，同时对本单元的知识结构以及需要的数学思想进行渗透，保证学生数学学习过程中的思维和知识的完整性；对学生而言，保证充分的课前预习，可以让学生对数学知识有部分了解，当然，并不要求学生在预习过程中，能够把握全部的课堂知识，只是为了保证在课堂学习之初，减少新知识学习的生涩感，能够更快、更好地接受本节课的内容，并且对自己在预习过程中对本节课知识产生的疑问，进行有目的的思考与学习，从而提高学习的效率。

对于教师的结构化备课来说，教师在课堂中的表现内容，并不仅仅局限于课本知识，更应该包括数学思维的学习和日常生活的体验，当然相应的趣味性也必不可少，这要求教师在备课时，要从多角度进行结构化备课；课堂知识的讲授方式，也应该“传递”改为“合作”，这种转型要求备课必须有教师和学生这两个主体的共同参与，教师备课时应将该因素充分考虑进备课的内容。从而使备课过程达到师生共同学习、成长的过程，且不能狭隘地认为备课是教师的工作，上课才是学生学习的过程。

对于学生的课前预习来说，教师应先给予一定的引导和相应的预习步骤，培养学生养成课前预习的好习惯，在学生熟悉课前预习的流程后，鼓励学生去进行创新，寻找适合自己的课前预习的方式，从而达到自己高效率的课前预习。

在备课过程中，教师和学生的备课准备应从多方面进行，需要老师挑战自我，并且根据学生的认知规律，从学生的学习活动、实际情况等需求出发，对备课内容进行有意识的创新和完善。

二、提高课堂学习效率

经过教师和学生的备课准备，学生对所学的知识有了一定的了解，在接下来的教学中,教师应有意识地提高课堂效率。

在“双减”政策下,课堂效率是课堂学习质量的关键,在教学中也应有针对性的教,把知识分为详讲的部分和略讲的部分,根据课堂的内容,对核心的知识点进行详细讲解,突出本节课的重点和难点,并且在讲解过程中要深入浅出,让学生在进行充分的思考探究后,能够牢牢把握住知识的重难点,然后进行必要的巩固练习;同时对于某部分课堂内容,可以通过更简单快速的方式来进行讲解,这样无形中压缩课堂时长,达到课堂上略讲的目的。如数学学习中的图形学习,对于长方形和正方形的面积学习,学生对该原理和计算公式都是初步接触,教师可利用多媒体技术,通过动画或者幻灯片的形式,为学生展示其原理,兼具趣味性和简洁性的同时,让学生更好地学习本章节的内容。

精心设计课堂练习的内容,课堂练习的主要内容应牢牢把握本节课的重点和难点,将读与写结合起来,对于数学学习中需要学生牢记的基础部分,同学们可以通过朗读进行理解性的记忆,然后在课堂进行表述,中间还可以穿插一些抢答的问题和小组的比赛来加强学生的兴趣和需要练习的部分,教师应提前做到心中有数,避免问题中出现太多重复性问题,浪费大量课堂的时间,应做到精讲精练。

兴趣是最好的老师,通过激发学生的学习兴趣,让学生参与课堂的学习,对学生的学习能够起到事半功倍的作用,课堂教学中,教师可以通过趣味游戏、创设生活情境、小组竞争等模式激发学生的兴趣,充分调动学生的积极性,比如设置一些灵活的、有趣的教学情境,让学生置身其中,加强师生的互动,比如排列组合问题,可以请三位班里的学生,来讲台前,进行实践。

三、课后练习的内容和形式更加丰富

课后练习的内容设计上,可以分为一般性部分练习和特色部分练习,根据课堂学习的内容来决定是选取其中的一部分还是全部。

对于一般性部分的设计，教师应细心筛查，仔细编排，减少重复性抄写的部分，总结其中基础性的部分练习，做到少而精，指向性明确，针对性强，让学生对本节课知识进行充分的巩固，既减轻学生的负担，又能够做到及时高效的学习，同时，在条件允许的情况下，可以布置部分选做题，选做题的内容和课堂的内容紧密相连，但是又需要一定的思维延伸，学生可以根据自己的实际情况去完成选做题的部分，从而达到对自身能力的拓展。

特色部分练习的设计，则需要保证知识性的前提下，可适当兼顾趣味性和生活性，在课堂进行充分的知识学习后，为了对所学的知识进行相应的巩固和复习，可以通过小组的形式，布置趣味性的任务，比如三年级复式统计表的学习，可以以小组的形式设计表格，统计班级成员的校服、鞋子尺码情况，让学生对复式统计表的制作与统计进行充分的理解与练习；或者对于基础的计算，如口算和笔算问题，小组成员之间互相出题提问，不需要太多题，五六道即可，即可加强他们对基础计算的掌握。

课后练习只是一种手段，学生通过这种方式，巩固好所学的知识才是目的，为了达到这个目的，教师需要精心设计好课后练习，并对学生的课后练习及时给予反馈，弥补不足，争取更大的进步。

“双减”政策对于教师和学生都是新的挑战和机遇，为了更好地适应该政策，督促教育者去努力提高教学质量，改正自身的不足，争取培养出更优秀的新时代接班人。

（作者单位：天津市北辰区普育学校）

浅谈双减背景下如何提高小学数学课堂教学效率

刘　晔

在小学阶段，相当一部分学生会用机械背诵来记忆数学公式，非但不能掌握知识，也不能将所学知识灵活运用，不仅如此，因为没有掌握知识，部分学生还需要利用更多的课外时间来解决自己课上未解决的问题，造成了校内减负、校外增负的现象。在双减的背景下，教师可以利用数学课堂培养学生的逻辑思维能力，不要一味地灌输，注重数学课堂的启发性、趣味性以及知识性，使学生更好地融入课堂，积极地探索，从而达到高效的数学课堂，使学生真正的掌握知识，不再把问题留到课堂外。

一、丰富课堂内容，培养学生的思维能力

（一）将生活素材与数学知识相结合

人们常说数学来自生活且应用于生活，实际上，学生常常会忽略生活中的素材，不能将生活中的素材与所学知识相联系。因此我们教师可以从生活中寻找数学、发现数学，在设计教学内容的时候，结合着教材将生活中的素材融入课堂当中，寓数学知识于同学们喜闻乐见的活动之中，使抽象的数学知识具体化，让同学们感受到“生活处处皆数学”，从而深化知识的

理解，提高自身的思维能力，在之后的学习中也可以自己结合生活去解决实际问题。

例如，在讲二年级上册“图形的运动(一)——平移与旋转”一课时，首先让学生观察在教室里有哪些现象是平移运动，又有哪些现象是旋转运动，接下来再让学生分别去想在校园还有生活中都有哪些是平移或者旋转运动。这时候可以让学生畅所欲言即使说错也没有关系，对于说错的同学，针对他的回答还可以和同学们一起讨论，分析错在哪里，从而加深记忆。再比如在讲授六年级数学“圆的认识”一课时，可以借助希沃白板直观地为学生展示圆在人类历史、生活、文化、审美等各个层面的广泛应用，比如“圆与古代建筑”“圆与中国服饰”“圆与中国结”“圆与产品设计”等，引导学生感受圆与人类生活的密切关联，在掌握知识的同时，体会圆的美学价值。

这种将数学知识与人们的生活素材相联系的方法，既可以让同学们积极地融入课堂，还可以使他们更好地理解知识，在课堂上就能完全掌握知识，实现高效课堂。

(二)将多元文化与数学课堂相结合

在教学活动中融入优秀传统文化，一方面增强了同学们的好奇心，使数学课增添了趣味性，另一方面也培养了他们的思维能力，更容易记住所学知识。

在学习二年级数学下册“图形的运动”中涉及轴对称图形，在新授课之后的教学活动环节，首先在PPT上展示了许多关于窗花的精美图片，并播放关于窗花的小故事，让他们知道，在人们还没有发明出纸张的时候，就已经有了裁剪各种材质的薄片进行装饰的做法，可见古人手艺的精湛，同学们对窗花有了初步的了解之后，利用小学低段孩子爱动手的特点，让他们根据教学视频剪出属于自己的窗花，剪好之后发现这是一个轴对称图形，由此再次复习轴对称图形的特点，这样的教学活动既让学生们了解了传统的中国手艺，又让学生们在做中学、学中做，更好地掌握知识。

（三）将游戏与数学课堂相结合

小学生的注意特点主要是无意注意，并且容易分散，如果只是一味地讲授难免会使学生觉得枯燥，从而思维松懈，不利于知识的掌握。因此在数学教学过程中，可以穿插一些游戏活动，游戏活动的设置必须与课堂内容相结合，这样既激发了学生的学习兴趣，还可以形成积极的思维心向。例如教学“用 2—6 的乘法口诀求商”一课时，将学生分为六组，六组同学分别进行计时的口算比赛，用时最短的一组就可以获得小红花，这样一来课堂活了起来，孩子们也积极参与其中，不仅复习了知识，还提高了学生的积极性，培养了思维的灵活性与敏捷性。

二、培养探究能力，发散思维

课堂教学的时间是有限的，尤其是在双减政策下要在固定的时间内既提高学生的学习效果，又不能让学生感受到过多的学习压力，教育要围绕学生为中心开展教学工作，要注重学生的个性化发展，从而在固定的课堂时间内，创造最大的教学收益。

（一）小组合作探究，集思广益

小组合作学习就是让学生在学习中以小组的形式展开讨论、学习以及思考。小组合作探究既可以提高学生的学习能力，又能在讨论探究中逐渐了解所学知识，有利于提高数学课堂的效率。如在讲授《角的初步认识——拼角》这一课时，小组之间去探究三角尺中哪两个角拼在一起时使锐角、哪两个角拼在一起是直角或是钝角，最后小组再派代表回答问题，各小组集思广益，大大地提高了课堂效率。

（二）自主探究，发散思维

知识不仅仅靠机械记忆，小学生想掌握知识必须要深入研究，需作为一个小小的研究者，由教师提供相关材料和工具，让他们在动手操作中自主探究知识，这样，才能真正地掌握知识，从而完善自身的知识体系。在讲授二年级数学上册《数学广角——搭配（一）》时，提供给学生数字卡片1、2、3。让同学们自己探究这三个数字能组成几种个位十位不相同的两位数，再把探究的结果填到学习单上。这样通过学生自己动手操作，掌握知识，培养了独立思考的能力，提高课堂效率。

三、设置针对性练习，培养学生的思维能力

练习是数学课的重要环节之一，只有反复练习，才能发现自己的问题，在小学阶段，会涉及大量的计算题的学习，唯有练习才能更快速地解决问题。双减政策下，教师设置针对性练习才能使学生在课堂上更好地掌握知识，实现高效课堂。同时，教师在上课之前，需对习题的设置加以选择，难度呈递进似，让学生能够在做练习的过程中，先复习了基本的知识，又能通过难题发散思维。

例如，在讲授《用2—6的乘法口诀求商——解决问题》一课时，教师可以设置与本节课知识相关的练习题，学生在做题过程中检验自己的学习成果，教师可在学生做练习时进行批改，对错得多的题目再进行针对性讲解。对于有争议的题目，教师也可收取典型的习题答案，再一起和学生分析讨论正确的解题步骤，这样一方面可以帮助学生改正习题，还能促使班级上每一位学生都能够在课堂上解决问题，以减轻自己课下的负担，提高课堂学习效果。

“双减”政策下，教师需在教学中做出改变，才能在响应政策的同时，使学生们真正掌握所学知识。希望在双减政策下，切实提高小学数学活动课的效率，促进学生的全面发展。

（作者单位：天津市北辰区普育学校）

第五章

培优赋能——协同内外打通学科

“明者因时而变，知者随事而制”，顺应“双减”合理安排教学时间，妥善计划教学空间，沟通起校园内外的学生发展培养之路，建立起学科之间的桥梁纽带，这既是建设“五育并举”课程体系的要求，又是教育本身立德树人内涵的另一层面。

“双减”下的民乐社团

马　梁

民族乐器作为中华民族的瑰宝之一，承载着中华民族源远流长的历史文明和生生不息的民族精神，希望未来能有更多民乐普及推广的途径与方法，在学生学习的时间和空间上合理安排，促进学生德智体美劳全面发展，使民乐成为搭建传统文化普及性教育的桥梁，让更多学生走进民乐、了解民乐、喜欢民乐，懂得欣赏美、创造美、传播美，让民乐文化受到更多学生的喜爱。

从民乐团的建设到舞台实践，从“遥不可及”的民乐演奏到真正落实到实际音乐课堂，民乐不再是无法触碰的乐器。但学生对民乐的了解和实际操作依旧任重道远，如何在双减政策下，让每一个学生都能参与到民乐的学习中，感受民乐独有的魅力，这是民乐专业教师以及所有一线音乐教师要探索的问题。

一、“双减”下学生发展空间的校内外探索

为落实“双减“工作，促进学生个性特长全面发展，推进校本课程体系，普育学校围绕中华传统文化传承和“童心向党”庆祝中国共产党成立100 周年活动，通过丰富多彩的社团活动，拓宽学生的实践空间，孩子们在

校园里享受到最纯真、最快乐的多彩的时光。我们从最初对民乐的一无所知到了解民乐、学习基本技法，再到节奏、音准、团队协作等简单的乐理知识，到现在可以合奏《金蛇狂舞》《我的祖国》等民乐合奏曲，参加天津市的文艺展演比赛，获得了北辰区一等奖和天津市三等奖的好成绩。在平时的训练和排练中，同学们秉承自身的学习兴趣、爱学、乐学的学风充分展示出学校美育教育的优秀成果，展现给所有的家长们。我们展示了民乐社团的优秀作品《金蛇狂舞》，还有古筝齐奏《我的祖国》我们继续学习"瑶族舞曲"等优秀作品，让学生从动手、动脑的活动中体会到民乐乐趣的同时激发学生的学习兴趣，培养学生的创新精神。学校秉承坚持让学生们自己选择有兴趣并适合自己自身的民族乐器，每个学生在选择乐器之前都会看到学校对民乐的介绍和视频，视频包括所有民族乐器的展示作品，有独奏的，有合奏的，有一线民乐专职教师的示范和展演，也有高年级的学生的示范和展演。再根据学生自己的兴趣选择适合自己的乐器专业，通过整体试课决定选择的乐器，让学生自主选择，学校为学生提供乐器，方便学生带回家里练习，在校在家都可以得到充分的练习。家庭教育支出负担和家长相应精力负担均有所减轻；同时，学校教育主阵地作用明显增强，课后服务日渐丰富。民乐社团师生们用行动诠释了传承的力量，为学校传统文化建设出一份力。民乐社团走在传承的路上。演奏出对祖国的热爱，展示了对传统文化的传承、体验感受民乐的乐趣。

在音乐课中，我们尽其所能给学生创设能够尽情抒发情感的空间，选择生动活泼的音乐欣赏，增设丰富多彩的体验活动。多角度启发和引导，留给学生一个自主体验的空间，使音乐课堂真正成为学生自己的课堂。例如，在教学实践中我们采用让每一个学生都手拿乐器进行了唱、奏、动、听等综合的教学活动，尽量使学生能即兴且有创造性地设计音乐。每个专业项目不一样，每一样专业都有不同的特性和要求，在做的过程中，每个人都要评价其他同学，一起演奏以及分别演奏。无论怎样改革，课堂教学的原则不能变:该动则动,该静则静。教师作为课堂的组织者和引导者,以民主的态度,与学生真诚地交流,成了学生的合作伙伴。

二、“双减”下学生发展时间的校内外探索

在课堂上学生自己能学会的知识,教师不能代替,尤其是学习乐器,真正体现学生力所能及的,教师避之;学生力所不能及的,教师助之,在课堂上我们要把学生当作学习的主人,为学生提供充足的时间,让他们通过观察、讨论、判断、分析、动手操作自己去发现问题、解决问题,这样获得的知识才记忆深刻,才能激活他们创造性思维的火花,使学生体会成功的乐趣。

日积月累,快乐学习。通过学习乐器、音准,节奏练习等,逐步提高学生的音乐素养。让学生在无形之中学会聆听与合作。社团的活动得到了学生和家长的认可,也开阔了视野,陶冶了情操,发展了特长。为减轻学生作业负担,提高作业质量,普育学校的民乐教师们根据学生特点精心设计了乐谱、训练、合奏、等不同形式的特色实践,充分利用时间,在“双减”形式下帮助学生成长,营造乐学氛围。把握并合理地利用时间,做到在家在校能够迅速提升自己的能力。

乐谱是范例、是师生对话的话题,对于所有的音乐活动形式来说,乐谱的学习是不可缺少的,学生具备独立识谱能力,学会运用乐谱来学习音乐,更好地理解所学的音乐。这对平时音乐课的教学和课堂中对学生是非常有利的帮助,得到一举两得的学习效果,学生们通过乐器不知不觉地掌握了乐谱,不但能了解自己所学的乐器,还能认识乐谱,进行独立视唱。在校外,我们负责每一个专业的民乐教师,都会和家长及时沟通,利用有限的时间复习在学校学过的内容,拍下自己练习视频,自己评价自己,提高对美的感受力和鉴赏力。器乐演奏是识谱教学的最佳实践活动。在演奏器乐活动时,学生容易把注意力集中到识谱上。例如:学生们喜欢的乐曲《千与

千寻》的主题曲，曾经风靡一时，这首曲子曲调非常简单，听多了，就很容易朗朗上口。于是在实践中，他们的兴致非常高涨，要想演奏好歌曲，首先得认识它的歌谱，这首歌曲旋律简单，学生很快就学会了全曲的曲谱。课上的学生是开心的，教师又何尝不是快乐的呢？类似的教学不但会增加学习的兴趣，还会加深学生对曲谱的认识，使学生在听中潜移默化地建立准确的音高概念，有效增强识谱能力。在民族音乐教学中如《高山流水》《梅花三弄》《潇湘水云》《阳关三叠》《春江花月夜》《二泉映月》《十面埋伏》等优秀作品是中小学生必须了解和熟悉的音乐常识，不仅可以扩大他们的人文知识，而且让学生养成了浓厚的民族音乐感情。但是，学生在欣赏这类乐曲时，由于生活阅历较浅，加上对中国传统民族音乐的不熟悉，难免在短时间内理解作品的内涵，无法产生共鸣。音乐是情感艺术，所以在音乐教学中，欣赏的最终目的是要锻炼学生正确理解作品的主题、表达的情感及内容。无论是在校内还是校外，在有效的时间内，让学生们了解理论与实践的知识，观看视频学习，利用现代信息技术的手段，快乐有效地学习。

在民族音乐教育过程中，培养和弘扬民族精神，开发和利用各种音乐课程资源，充分合理地安排好“双减”下的时间和空间，突出民族特色的音乐教学，为学生搭建一条理解、掌握民族音乐风格的便捷之路，这是音乐教育工作者的职责和任务。

（作者单位：天津市北辰区普育学校）

突破时空界限，落实双减政策
——初中化学教学多样化探讨

郑艳超

现代社会人才竞争越来越激烈，人们越来越关注教育和学生的综合发展的关系，对学生的素质要求也越来越高。作为初中化学教师，我们应认识到在教学中紧跟国家政策发展需求，积极落实五育并举要求，尝试结合实际情况分析，落实教学引导方案，让学生可以在教师结合校内外教学需求积极引导和分析中，全面提高综合素养。经过结合实践情况分析后得出，在初中化学教学中可以从以下多个方面开展教学，有序落实“双减”要求，满足学生发展与成长的需要。

一、突破空间限制，多渠道丰富课堂素材

一直以来，在初中化学教学中，兴趣对学生学习的影响都是不可估量的。因此，为更好地落实“双减”要求，提高学生的课堂参与度，可以通过丰富课堂素材，提升学生的学习兴趣的形式来开展。比如利用网络优势让课堂素材更加丰满，利用班内同学的脑洞让课堂素材更加多样，实现多空间整合，助力课堂效果，提升学生学习兴趣，为学生进一步自主探索和理解化学知识点提供更多的可能。

例如，在教学中，教师可以选择为学生搭建兴趣合作小组，为学生的学

习和发展提供更多的素材。从而点燃学生的学习兴趣。比如，教师可以借助微课科普化学知识，选择滴水生烟、燃糖成蛇、胶冻燃烧、可生火的大象牙膏等主题设定化学兴趣小组，邀请学生在化学兴趣小组中感受化学知识的趣味性。与此同时，在小组合作探究中，教师可以在借助线上线下平台传授基础化学知识的同时，带领学生从化学现象中感受化学之美，并在合作分析中，懂得合作的重要性。通过这样的方式，让学生可以结合实际情况分析探究，提高学生智育、美育和德育素质。

二、突破时间限制，线上线下互助互补

线下教学固然重要，线上辅导也必不可少，近几年因为疫情的影响，我们的线上教学手段日趋成熟和完善，这为我们突破课堂时间限制打下了很好的基础。尤其是在班级中学生化学基础相差较大的时候，教师可以结合实际情况，突出学生在课堂中的主体地位，并鼓励学生发挥自己的优势，在小组探讨中一同思考如何做才能够更好地落实绿色化学的要求。在此期间，学生可以在课堂中学习基础知识，遇到不易理解的内容可以借助教师推送的微课巩固。在完善基础知识储备以后，再结合生活实践分析，探索开展绿色化学教育的途径，从而更好地落实教学指导。

例如，在组织学生学习与“空气”有关的知识的时候，可以鼓励学生结合周围环境污染和空气污染的情况分析，呼吁学生思考保护环境的办法。然后，要求学生以录制小视频、合作解说等方式，落实保护环境的行为。在此期间，教师可以借助微课、钉钉，了解学生在实践中的困难，及时答疑解惑，并选择微视频的方式为学生推荐相关的素材。通过这样的方式，可以有效落实绿色化学思想，让学生在实践中加深对化学知识的理解。

三、时空合一，开发家庭小实验，家校同步探索

在“双减”背景下，面对以实验为基础的化学学科教学，教师要尽量将日常引导和家庭引导关联起来，让学生可以结合教师预设的家庭实验中理解化学知识，并将传统的书面作业转变为家庭实验指导，促进学生在学习中思考，在家庭实验探索中懂得化学的魅力。

例如，在讲解完“酸碱中和”有关知识之后，教师可以要求学生先思考生活中可能会用到酸碱中和的情境。然后，借助信息技术设备为学生呈现出具体的场景，引导学生思考操作的方法。在探讨中，教师可以提出在清理热水壶的过程中可以使用食醋、在清洗锅具时可以使用小苏打等操作。在了解到这些知识点之后，可以要求学生运用本堂课中学到的知识在家庭中完成验证小实验。与传统的作业相比，这种家庭小实验让学生体会到借助化学知识参与到生活实践的愉悦之情，还可以让学生在学习和验证中减轻学习的负担，充实知识储备。最后，教师只需要结合学生的表现分析，指导学生借助线上微信、短视频等平台分享经验，及时作出点评引导，更利于激发学生享受化学实验探究的乐趣。

四、组织实践指导，促进五育并举，助力知行合一

在“五育并举”要求下，初中化学教学中也需要结合德智体美劳等视角分析，组织学生深入探究知识的魅力，并在理论与实践结合分析的过程中，实现知行合一的目的。因此，在教学中，教师可以结合教材内容分析，探索其中包含的“五育并举”元素，对照精准化素材分析研究，选择线上线下多重视角给予学生更多的帮助，从而促进初中化学指导提质增效。

例如，在组织学生学习“常见的酸与碱”的时候，教师可以提前为学生

准备好石蕊纸张，带领学生借助这些试纸折花朵。然后，再采取装有酸碱液体的透明小喷壶表演“魔术”，带领学生观看花朵的变化，感受化学的神奇，促进美育效果的实现。当学生感受到化学之美后，自然而然会喜欢上化学知识。再如，在讲解“化学与健康”相关知识点的时候，教师可以先讲解“化学元素与人体健康”有关的知识点，鼓励学生结合自己的身体情况制订营养计划和运动计划。针对一些特殊的学生，还可以结合微课指导，告诉学生化学元素与学生身体健康的重要性，组织学生积极参与体育锻炼。在这个过程中，学生会结合所学化学知识完成营养计划和运动计划，更好地落实体育素质的提升。

综上，在初中化学教学中，教师要结合教学实际分析，明确“双减”要求和“五育并举”的育人标准，借助信息技术资源，积极探索更多切实可行的开展多样化教学指导的教学策略。相信在教师积极分析和主动探索中，定能够丰富的教学策略搭建理想的化学课堂，提高化学教学效率，为学生内化化学知识、提高综合素养提供助力。

（作者单位：天津市北辰区霍庄中学）

体验蚕桑文化、品味劳动乐趣
——浅谈小学劳动教育课程的实践与探索

刘　悦

养蚕活动依托科学教材把劳动实践与多学科充分融合，实践性强，在实施过程中采用“小组合作探究式学习”的教学模式。探究活动以引导式探究、合作式探究为主，不仅丰富了学生的科学知识，也培养了学生的观察能力、合作能力，养成科学探究的严谨性以及感悟生命的神奇与伟大。现将活动形成课程体系，在探索中不断走向成熟。

一、设计理念

通过劳动实践活动，培养学生对大自然的积极态度和参与实践活动的兴趣，发展学生对生活的关爱以及对社会的责任感，培养学生合作、分享、积极进取的良好品质。通过任务驱动，培养学生的集体意识，获得团结互助的体验，从生活中主动发现问题并解决问题的态度和能力，以及对知识的综合运用能力和实践创新能力。

二、学情分析

（一）知识基础

学生在科学课中学习了蚕的一生的相关课程，知道蚕的一生要经历蚕卵、幼虫、蛹、成虫四个发育阶段，也了解了饲养蚕的方法，但是对于蚕的形态结构和生活习性的辨别能力欠佳，同时对于蚕桑文化需要深入认识。

（二）能力基础

学生具有一定的观察能力和动手能力，在体验养蚕的过程中能够参与思考、探究与质疑、调查与实践，同时学生会关爱、懂合作，懂得珍爱生命、敬畏生命，这些都为养蚕提供了保障。

（三）情感基础

养蚕是一项既能激发学生兴趣，又易于学生动手实践，调动家庭亲子关系的劳动活动，学生能积极主动投入其中，大胆尝试，而且也会多种形式记录养蚕的过程与体验。

三、课程内容

课程内容分为理论篇、实践篇、成果篇，三个篇章分别培养学生的养蚕认知能力、合作探究能力以及动手实践能力。

表 1 课程内容

篇章	小节
理论篇	了解蚕桑的悠久历史
	蚕各个时期的管理
	了解桑叶的采摘
实践篇	认养蚕宝宝、组成养蚕小队、制作养蚕箱
	喂养蚕宝宝
	观察蚕宝宝、记录生长情况
	观察蚕吐丝、了解蚕蛹
	了解如何抽丝
	了解蚕蛾的身体结构
	观察蚕蛾如何繁殖后代
成果篇	蚕宝宝选美大赛
	绘画类蚕宝宝
	制作类蚕宝宝
	蚕制品

四、教学目标

表 2 教学目标

知识目标	1. 使学生通过养蚕实践活动，了解蚕的生活习性，对蚕的特点做详细的了解 2. 引导学生增进对于中国养蚕抽丝历史对人类服饰贡献的了解，感受蚕桑文化
能力目标	1. 运用简单测量工具对物体观察、采集数据、简单记录，学会较长时间观察、记录生物生长与变化 2. 通过语言、图画和文字对生物生长期的变化进行描述

续表

情感目标	1. 为学生提供亲历科学、体验科学、接触大自然的机会，激发学生对大自然的热爱，并培养他们对科学的兴趣 2. 引导学生学习科学知识，掌握科学方法，增强动手能力，树立创新精神，培养科学探究和合作交流的能力

五、教学重难点

重点：了解蚕一生的转变过程。

难点：通过图画或文字表述观察的结果。

六、教学方法

讲授法、观察法、讨论法、比较法、任务驱动法。

七、教学实施

根据学生的认知特点，从饲养顺序逐步提炼出有价值的问题，课程实施过程的总体设计思路如下：

篇章	问题引领	教学形式
理论篇	饲养前我们要准备些什么	教师布置学习任务，学生可以搜集资料，小组讨论
实践篇	饲养后我们要干什么	实施任务驱动，培养学生观察能力、实践能力、探究能力，结合成果展示，以赛促研
成果篇	我们要展示什么	充分利用网络资源，巩固养蚕知识，加强团队合作交流，提高养蚕技能

具体教学实施如下:

(一)理论篇——用心学习,做好养蚕准备

蚕是一种娇弱的动物,对环境(温度、湿度、食物的鲜洁程度、蚕房的清洁)有较高的要求。为了使学生能正确地对蚕进行饲养和管理,利用科学课的时间,对养蚕的一些基本知识进行讲解。

1. 了解蚕桑的悠久历史

了解种桑、养蚕、抽丝、纺织的工具及工艺流程,了解丝绸之路的历史。

2. 蚕各个时期的管理

指导学生养蚕,讲解养蚕相关资料。

(1)卵期的管理。

(2)幼虫期的饲养和管理。

(3)蚕吐丝作茧期的管理。

(4)蚕蛾期的管理。

3. 了解桑叶的采摘

(二)实践篇——精心饲养,记录生长情况

1. 认养蚕宝宝、组成养蚕小队、制作养蚕箱

注意让学生建立长期耐心观察蚕宝宝的意识。

2. 喂养蚕宝宝

注意时刻观察蚕宝宝的生长状态,生命活力。

3. 观察蚕宝宝、记录生长情况

在教师的指导下,学生仔细观察蚕宝宝,比如蜕皮前睡眠的样子、蜕皮过程、蜕皮后的外形变化等,遇到问题及时查资料,积累养蚕的相关知识。

(1)填写观察记录表

写观察记录时,可参照观察记录表中的提示重点观察。

表3　养蚕观察记录表

生长天数	食量	身体长度	身体大约重量	有无异常情况
孵卵				
蚁蚕				
第一次蜕皮				
第二次蜕皮				
第三次蜕皮				
第四次蜕皮				
吐丝结茧				

(2)写观察日记

以观察日记的形式,记录养蚕的所见所闻以及心得体会(观察日记不必每天都写,3至5天写一篇或发现蚕有明显变化时再写,最好配有相应的蚕照片)。也可以将养蚕过程中感兴趣的问题进行记录,比如:蚕为什么会吐丝?剪开茧子的蛹还能活吗?如何辨别蚕蛾的雌雄?

4. 观察蚕吐丝、了解蚕蛹

观察、感受蚕丝生成过程。

5. 了解如何抽丝

感受抽丝的过程。

6. 了解蚕蛾的身体结构

注意蚕变成蛾时的形态特征。

7. 观察蚕蛾如何繁殖后代

(三)成果篇——分享交流、展示经验收获

当蚕宝宝完成了它的整个生长发育周期后,组织蚕作品成果展评。

1. 蚕宝宝选美大赛

举行"蚕宝宝选美大赛"评比活动,相互交流养蚕经验。

2. 绘画类蚕宝宝

(1)以手抄报、观察记录表、春蚕摄影等形式记录蚕宝宝的一生或有关蚕桑文化的内容。

(2)以观察日记等形式汇报蚕的生活习性以及变化过程。

(3)以视频形式展示蚕的变化过程。

3. 制作类蚕宝宝

结合养蚕的观察、体验、感受,以 3D 打印蚕、纸蚕、超轻黏土蚕、头戴模具等多种形式进行展示。

4. 蚕制品

(1)利用空蚕茧制作工艺品。

(2)蚕沙、蚕丝扇、蚕丝被、蚕丝衣服等。

八、教学成效

(一)激发了学生的养蚕兴趣

学生在养蚕活动中,通过亲自养蚕,定期填写养蚕日记,了解了蚕一生的形态变化,丰富了学生的科学知识,激发了学生了解蚕以及养蚕的兴趣,也有利于提高学生的观察、实践等能力。

(二)学生掌握了一些科学的学习方法

在养蚕活动中,通过让学生仔细观察、亲自测量等活动,及时把结果记录在观察记录表中,以便进行对照、比较及总结,不局限于文字的记录,还可以是拍照、录像、绘画等形式,这些为今后的学习提供了方法。

(三)增进亲子关系、融入生命教育

养蚕是一项既能激发儿童创造、触及生命的活动,又是家庭亲子活动

的好项目。在养蚕活动过程中，学生对蚕宝宝用心呵护、精心养育，参与蚕宝宝完整的生长过程，使学生经历了整个生命的轮回，感悟生命的神奇与美好，更懂得了珍爱生命、敬畏生命，并由衷生出爱心与感恩之心。

九、反思与改进

（一）特色与创新

1. 多学科融合

养蚕活动最大的特色就是多学科进行了融合，不仅语文、数学这些文化课知识进行了融合，还与美育进行了融合，而且在成果展示时还融合了红色教育主题，学生获得了丰富的养蚕知识，也感受到了多学科融合。

2. 提高学生综合素养

通过养蚕活动，学生的探究能力、与人交流合作的能力、对科学的学习兴趣得到明显的提高，养蚕这项实践活动受到了学生们的欢迎，得到了学生的支持，提升了学生的科学素养。

（二）努力方向

学生在养蚕的过程中遇到了一些问题和新的发现，发现问题后并没有及时进行深入的研究，今后可以对这些问题开展小课题研究，为以后的养蚕活动提供经验，形成我校的校本教材，为今后学生养蚕提供更加宝贵的资源。

（作者单位：天津市北辰区普育学校）

小学语文教学中渗透德育的有效途径

李 赛

我们不能把语文课上成思想品德课,但我们必须通过语文课堂积极开展对学生的世界观、人生观、价值观的教育活动。借助对中华民族传统文化的学习,激发学生的爱国主义情感,培养学生高尚的道德情操。在语文学科中渗透品德教育有以下几种有效途径:

一、将品德教育在阅读教学中渗透

小学语文教材中有着丰富的德育文本,能够对学生的思想道德进行有效的提升,如部编版二年级下册《开满鲜花的小路》这篇课文,讲述的是小鼹鼠的无心之举为大家创造了一个美好的环境的小故事。如部编版二年级下册《朱德的扁担》一课朱德与毛泽东在井冈山会师,朱德同志和战士们一起挑粮的故事,表现了领袖以身作则,与战士们同甘共苦的高尚品质,也表现了战士们对领袖的关心和敬爱。借助此文,向学生进行正确人生观的教育。教育学生热爱党,热爱领袖,热爱社会主义祖国。如部编版二年级上册《妈妈睡了》一课。讲的是妈妈在哄孩子睡觉的时候,自己先睡了,孩子看到熟睡中的妈妈,觉得妈妈是美丽温柔而辛劳。字里行间让我们感受到了妈妈与孩子间那深深的爱。教育学生尊敬老人、孝敬父母,培养学生高尚的品德。但是，小学语文教材毕竟不是品德教材，不可直接表达出来。教师要深入挖掘语文文本中的德育元素，引导学生深入课文中进行感受。因此，在小学语文教学中进行德育渗透，要将语文知识、培养能力与深层挖掘道德品格相结合来实现。我们可以采取以下方法在教学中有效地做到德育渗透。

（一）“换位思考”法

通过采用换位思考的方式，使学生在心理上改变角色，这样可拉近学生与主人公之间的距离，容易把对文章中的理解变成自己的体验与感受。如部编版三年级下册《我不能失信》一文时，宋庆龄一家准备要去爸爸的朋友家完，可是小庆龄想起来要在当天教朋友小珍叠花篮。让学生思考，假如你是小庆龄，你会怎么做呢？学生通过思考，觉得要遵守承诺，不能失信他人，在家里等待小珍。学生们深刻体会到了做人做事不能失信于人，只有做到了诚信，才能让更多的人相信你，你才能成为一撇一捺大写的“人”字，才能顶天立地地立足于这片大地之上。

（二）“身临其境”法

如在统编教材四年级下册《桂林山水》一文时，通过让学生想象假如自己就坐在漓江的竹排上，观看美丽的风景，感受“舟行碧波上，人在画中游”。再指导学生通过朗读来体会祖国山河如此瑰丽秀美，激发学生热爱祖国的情怀。

（三）“朗读感悟”法

朗读是学好语文的必经之路，书读百遍奇异自现，读通读懂才能体会文章中的道理，教师指导学生朗读也是让学生陶冶性情，感悟思想的过程。因此，通过让学生反复诵读，感悟人物的思想感情，是进行德育教育的好方法。如部编版六年级上册《桥》一文，教师通过导语拨动情思，把洪水来时的汹涌险峻形势渗透到位，使学生体会到灾难来临时人们的恐惧心理。再通过学生反复诵读，将乡亲们的慌乱和老汉的镇定形成对比，感受共产党员是人民的坚强后盾，尽管老汉没有逃脱噩运，但他的精神永存。学生在反复诵读中感受逐渐深刻，情感得到升华，潜移默化地受到英勇无畏、舍己为人高尚品格的思想熏陶，收到了良好的学习效果。

二、将品德教育在习作教学中渗透

习作教学也是语文学科实施德育的重要途径。通常可以采用以下一些方法：

（一）在生活实际中渗透

习作是对生活实际的反映，所以引导学生体验生活的过程就是德育渗透的过程。如写家人的作文，我们可以给学生充足的时间去准备，注意观察家人的生活习惯，回忆发生过的印象深刻的事情，从中体会家人的关爱。学生经过仔细观察，看到了平时不会注意的事，比如：妈妈经常吃其他人不想吃的剩饭菜，爸爸把洗过衣服的脏水收集起来，奶奶捡回扔掉的文具等，孩子们在观察后和家人沟通，理解家人所做的事都是因为珍惜能源，生活节俭。他们的作文字里行间都能看出，他们为自己的浪费行为感到羞愧，并准备和家人一起做节约能源的小使者。这样既能写出一篇篇优美的文章，锻炼了写作能力，又能激发学生对家人的关怀，达到了培养学生，生活节俭、不浪费能源良好品德的目的。

（二）在写日记过程中渗透

写日记可以提示学生注意周边出现的人和事，同时，日记也是学生记录心灵历程的录音机和摄像机。实现既培养写作能力又实施品德教育的目的。写日记是心灵的对话，学生可以理智地以旁观者的角度评价自己的行为，鼓励自己积极上进、坚强勇敢。教师可以发现掩映在学生心灵深处的东西，进而有的放矢的对其进行教育，使德育教育事半功倍。正如现在全国疫情当前，对于全国人民来说是一场挑战，但同时也是教育学生的一次契机。引导学生把灾难当教材，把苦难当磨砺，虽然居家线上学习，但是要让学生的成长不延期。考虑疫情学生居家的特点，鼓励学生通过了解或者观察身边鲜活的事例与素材写下自己的点滴感受，编辑成《抗疫日记》为这段艰难但有希望的日子里留下一段难忘的记忆。老师可以选取学生的优秀作品编辑成册，班内进行传阅。同学们相互阅读彼此的作品，互相借鉴，榜样的作用便显而易见了。再如国庆节长假，可以布置学生写日记。每一天他们都可以从电视媒体上看到祖国前进的脚步，体会到幸福的生活来之不易，感受到了祖国的繁荣昌盛，由衷的发出了感叹。在他们的内心深处，激起了爱的浪花，看到一张张朝气蓬勃的笑脸，就能体会到他们作为中国人的骄傲，他们的日记也自然地流露出对伟大祖国的无限热爱。希望自己能够成为优秀的建设者和接班人，德育教育得到升华。

（三）在小练笔中渗透

在学习课文的同时，可以结合文本的内容在课堂或者课后设计一篇小练笔，也是进行德育渗透的好方法。部编版六年级上册《老人与海鸥》一课，教学时我就抓住了六个省略号点燃学生思维的火花，让他们自己去想象老人与海鸥之间那种震撼人心的爱，让他们自己亲自去填补空白，理解人类与动物怎样和谐相处，让他们懂得是爱让人类与动物变得亲密无间；是爱让大自然变得平等、友爱、和平。让学生认识到，人类和动物都是朋友，我们平等的生活中同一片天空，我们要互相帮助互相扶持。要从小培养和激发学生的情感，才能使学生从小就是颗“多情的种子”，爱父母、爱同学、爱家庭、爱祖国、爱自然、爱一切应该热爱的事物，让他们懂得亲情、友情和大爱之情。

在语文教学中，坚持学习知识与思想品德教育相结合的原则，让教育能更具体、形象。各个学科的知识都在一定程度上反映了人们的思想观念，知识与品德互相融合、互相渗透。两者的有效结合才是培养新世纪人才的必然途径。没有教材做依托，谈论德育缺乏根本的立足点，只是空洞的说教；反之，没有德育的渗透，片面的抓教学，智慧的头脑缺乏正确的指向，也是混沌不堪的。语文作为文化素质培养的关键课程，德育教育几乎是伴随始终的。语文教师要在日常的教学中让语文教学发挥其育人作用，不能放过任何一个渗透德育教育的机会，让学生在学习语文知识的同时也能得到德育上的培养，先成人后成才，让学生从小树立正确的世界观、人生观、价值观，奠定稳定的德育基础。

（作者单位：天津市北辰区普育学校）

小学英语跨学科主题教学的设计实施

高　群

英语是用来交流的语言学科，英语自身便具有包容性的特点，更适合作为一种工具用来跨学科教学。跨学科教学，顾名思义，就是将英语与其他一门或多门学科联系起来，进行融合理解，并创造出新的理解。在英语教学中，通过跨学科，引入其他学科的内容，创新教学方式方法，使知识更加多元化。通过跨学科，学生在英语学科的学习不仅仅是有深度的，更是有横向有厚度的。这种横向的学习有利于学生思维的散发，提升创新性思维和整体意识。相互的跨学科教学，学生通过英语学习，也掌握和强化了其他学科的知识，使各个学科知识不再是孤立的、零散的，而是关联的、整体的，通过各学科知识的融合，达到提高学生综合能力的效果。

一、开展跨学科教学的原因

很多人认为各学科的课程是分裂的、片面的、重复的，跨学科整合则会产生整体的全面化的效果。从政策背景来看，为跨学科教学的产生发展提供了很好的支持和促进；从提高学生综合素养的角度看，跨学科教学会是一个更好的方法。

（一）政策背景

《义务教育英语课程标准（2022 年版）》中明确提出，英语的主题包括人与自然、人与自我、人与社会三个大的范畴。人与社会中以社会为视角，包含了社会服务与人际沟通，文学艺术与体育，历史、社会与文化，科学与技术等主题群。

这就要求英语的主题群，是将英语学科与其他学科相关的内容进行融合之后，来进行教学活动。

（二）开展跨学科教学的意义

1. 提升学生解决问题的能力

通过跨学科教学，英语不再是一门简单语言教学，而在与其他学科融合之后，内容更加丰富了，知识更加全面了。在主题的选取时，可以更契合日常的生活。学生通过跨学科学习，思维可以得到延展，视觉可以更宽广，看待问题会更全面，为提升他们综合全局的思考打下基础。

2. 有效促进教师的专业发展

跨学科的教学方式，课堂知识更有广度和深度。进行教学前，首先要选定主题，从各科广泛的资源中进行选取、融合。这就要求教师具备学科知识的分析、融合、理解和文本再构的能力。在教学过程中，需要考虑到跨学科教学的计划、过程和影响。这些就要求教师有更高的专业知识和专业素养，推动教师的专业发展。

3. 不断提高学生学习的兴趣

通过跨学科教学，课堂知识更加丰富多彩，以主题的方式进行教学，更容易吸引学生，引发学生的学习兴趣，提高学习的自主性，也会培养学生的创新思考和逻辑思维能力。

（三）跨学科教学的价值

在以往的教学中，各学科学习自己独立的学科知识，学生通过各学科知识积累，需要自身进行理解梳理，基于学生个人能力和思维的水平有限，每个人的融合理解也是有限的。而通过跨学科学习，在学习时不同学科间的壁垒就被打破了，学到的知识是各科融会后贯通的，学生能更好地做到理解和提升。用跨学科的方式，为学科教学打开了一条更加便捷、高效之路。

二、跨学科教学的重点难点

跨学科教学的重点主要在于解决教学中的实际问题，跨学科教学需要将学科知识进行融合，在英语主题的选取中，如何做到让学生更好的接受，更加贴合学生的日常生活，在课堂学习中能够与日常生活知识产生共鸣，是跨学科教学的重中之重。学生通过跨学科学习，利用学到的知识解决问题，才能发展学生多学科的综合思维，在解决问题时，思考会更加全面，思维会更开阔。同时多学科教学也会丰富学生的实践经验，学生在实际生活中会更易于运用多学科的知识来解决问题，改变单一的思维模式，提高学生的综合素质能力。

在难点方面，作为教学行为的直接实施者，教师在跨学科教学的难度很大，难点很多。首先在观念上，作为教师从自身需要改变以往的教学观念，自己的思维和思想需要更开阔，必须会统筹，不再是单科的知识点教授。因为跨学科教学会涉及不同学科的不同观念，各个观念之间的融合和平衡也需要在不断的探索中前进。其次，在资源知识的融合方面也是一大困难，进行主题的融合时，需要教师对各个学科的知识都有所了解，与主题相关联的知识，都需要进行理解学习，才能够将各学科的知识进行有效合理的融合，这样的主题才能利于小学生接受和吸收。另外，在跨学科主题和各学科知识选定之后，用何种方式将融合的知识传授给学生，找到教育学都适合的切合点，在实际教学中，跨学科教学课堂的教学策略和实施，都是需要面临的难点，也是直接影响跨学科教学效果的一些因素。

三、如何开展跨学科教学

跨学科教学并不是取代学科教学，而是选取其他学科有相关联的教学目标，并对他们加以融合、理解、组织。所以跨学科教学与学科教学之间并不是替代的关系，而是相互补充的，是为了更好地提高学生理解和学习能力，而不是对以往学科教学的否定。

跨学科教学要守住学科立场，同时加入其他学科相关知识点，以其他学科为工具，更好地让学生接受多学科的知识，通过其他学科补充，更好地实现多个学科的多个教学目标。在教学目标设定时，既要具有学科的特点，回归到学科本身，又要兼顾各学科的共通点，坚持守固初心，自然参与。利用主题活动的方式，创设情景，才能达到培养学生思维的效果。

（一）熟悉掌握小学生学习需求，规划好教学，实现多学科知识整合

兴趣是最好的老师，组织课堂教学的前提和基础就是学习需求。要想做好跨学科教学，就要从学生的学习需求出发，激发学生的学习动力，掌握学生的学习规律，引起学生注意力。英语是一门语言类学科，不仅在科学学习方面有很多的交叉知识点，在人文学习方面有千丝万缕的联系，这为英语学科的跨学科教学提供了丰富而且广泛的课程资源。在英语的跨学科教学中，要结合学生学习需求和不同教学内容开发跨学科课程的途径和方式，并整合成英语学科课程和教学的一部分，并进行合理设计和规划。

（二）将跨学科教学渗透和强化在课堂实践和教学活动中

在英语教学和实践中，可以从与英语相关的学科中探索新的教学方法。比如，小学英语教学时，会有数字相关的主题，这样在小学英语教学渗透数学教学，不仅提升了学生的英语水平，也锻炼了学生的逻辑思维和数学能力。再比如，英语活动是小学英语教学的方式之一，可以和体育课的户外活动相结合，在教授“run”“jump”等运动主题的时候可以在户外进行，学生们跑和跳都是对英语真实语言情景的再现。通过跨学科教学，可以用生动且多样化的教学替代或者补充传统教学，达到良好的教学效果。

（三）成立跨学科工作专班，加大不同学校和学科老师学习与交流

集众智，合群谋。单靠教师个体或某一学科的老师进行跨学科教学难度大，创新的持续性不足，成果不明显，很难实现多学科的高效整合。要组建包含不同学科教师和专家的跨学科教学和研究队伍，组织开展跨学科的教研活动，实现优势互补。要加强不同学校和地区的教师教学交流，取长补短，互相借鉴，逐渐形成完备有效的跨学科教学体系。

To be bilingual, one must be bicultural，英语教学本身就是一种跨语言教学。跨学科教学可以有效地整合多种教材和学科资源，结合交际情景和相关活动，不仅可以有效提高学生学习英语的浓厚学习兴趣，还可以培养学生的勇于创新、独立思考、全面考虑等优秀素质，为以后学生的成长奠定坚实的基础。

（作者单位：天津市北辰区普育学校）

信息技术学科与语文学科整合
——促进习作教学方法的转变

贾冬伟

信息技术学科具有数字化、智能化、多媒体化等特点，当信息技术与语文学科相融合时，能够产生事半功倍的效果。习作教学是学生认知水平和语言文字表达能力的具体体现，也是语文教学的重要任务之一。随着“双减政策”的不断深入与推进，如何用足课堂提高习作教学质量已成为广大语文教师探索的重要课题。在日常习作教学中，笔者简单归纳出三个突出问题。

一是学生作文空洞而没有情节、平淡而缺乏亮点。紧张的学习生活使学生的生活过于单调，缺乏创作源泉。认知水平又决定了学生对生活素材提炼的能力。多彩的生活是作文创作的源泉，没有生活的学生，如同一口干涸的枯井。

二是学生的日常生活、认知和表达之间没有沟通媒介。学生的生活中充满着丰富多彩的习作元素，我们的语文课也会进行习作教学，促进认知水平的发展，但是当学生真正动起笔来，表达上却出现了障碍，源于三者之间没有做到有效沟通。

三是背默范文替代习作。老师面对学生无话可写时，背默范文便成了应对的一种法宝。特别是应对考试，这种现象尤为突出，殊不知这是误人子弟！范文属于成品，背默范文不是习作过程，缺乏了对学生习作能力的训练，怎可能提升学生写作素养。

其实在习作教学中不止这三个问题，面对这些问题，我们不禁要问：习作教学怎样改革才能提高质量呢？指导学生作文的方法有哪些呢？怎样培养学生作文的兴趣和习惯？带着这一系列的问题，我也在反复实践中探索，是否可以利用信息技术学科与习作教学整合，提升学生写作素养。

一、学科整合对习作素材的影响

教师要做学生学习的引导者，在习作教学中更是如此。教师要帮助学生利用信息技术手段，去挖掘生活中丰富的资源，教会学生利用网络，拓宽视野，积累写作素材。

（一）利用信息技术，丰富习作素材

信息技术中的搜索引擎如同一把打开资源大门的钥匙。作为一名语文教师，我们可以根据每次习作的主题，引导学生自己动手，去开启资源宝藏，寻找习作素材。例如：学校组织学生到蓟州区盘山风景区秋游，教师指导学生“以秋游为题”完成一篇习作。盘山有着悠久的历史文化，出发之前，教师引导学生利用信息技术手段，收集相关盘山的文字材料和图片，学生很轻松就获取了习作素材。再通过秋游的实地探访，学生直观感受到盘山秀美的风景、历史的悠久以及文化的底蕴。秋游回来后，教师安排学生在习作课上展开讨论，选定自己印象最深的片段，配合网上搜集到的相关资料，加以提炼，完成游记。当教师对学生的文章进行评价时发现学生们完成得各具特色，也体现了自己的真情实感。

（二）确定习作目标，学会网上搜索

“搜索引擎”的使用改变了人类生活，拓展了人类的认知。“搜索引

擎”运用到习作教学时,就使学生能够随时检索出极为丰富的信息素材。教师在进行习作教学时,首先要帮助学生明确习作目标,大的提纲建构了,素材的丰满可以由学生运用“搜索引擎”独立完成。

教学语文第七册第三单元习作《写观察日记》。学生们按照教师提前布置的任务,有的养蚕、有的观察爬山虎、有的观察自家的小动物。就这样,大家做好了习作的前期准备。教师紧接着布置了第二个任务,利用信息技术手段,查找观察对象不同时期的图片,观察不同时期的特征。同学们利用“搜索引擎”,让观察对象更具体的展现在眼前,这种方式弥补了学生日常观察的不足,提高了学生习作质量。学生通过日常观察和信息技术手段查询的图片、文字资料,习作完成得更加生动形象,把观察对象的细节描述得淋漓尽致。信息技术让学生在生动直观的学习环境中,能够超越时间、超越空间,拓宽了学生的习作视野,让写作文从此非常轻松。

二、学科整合对习作能力的影响

信息技术学科和语文学科相结合,可以使语文教学事半功倍,让语文教师更加得心应手。在多媒体技术的帮助下,教师指导学生观察,启迪学生思考,拓宽学生思路,提高习作水平。

(一)借助媒体,学会观察

学生的观察力决定着作文完成的质量。学生如果没有细致的观察力,就很难掌握事物的特征,很难把话说清楚,把文章写具体。因此指导学生仔细观察,成了习作教学中的重要环节。传统的语文习作教学,没有多媒体的辅助,在一定程度上会限制教师指导学生观察事物的特征。有了多媒体这种手段的运用,能够为老师的习作教学起到辅助作用,让习作教学更加生动而有趣味,还能培养学生的观察能力。

教学语文第八册第四单元习作《我的动物朋友》，在指导学生观察小动物时，教师先运用多媒体出示小动物的图片，展示小动物头、四肢、躯干各部分外形特点，引导学生抓住动物外形特征进行观察。为了让学生了解小动物习性，教师提前布置有宠物的孩子们拍摄小动物的Vlog，上课时孩子们津津有味的观看，有效地帮助学生了解了小动物的生活习性。这样，通过课件和Vlog素材，激发学生观察的兴趣，活跃学生思维，习作的内容变得丰满充实了。

（二）启迪思维，放飞想象

信息技术借助现代化的声光手段、动画技巧、音响效果，通过各种多媒体信息体现习作的内容，充分激发学生习作兴趣，调动学生的多感官参与进来。最重要的是可以启发学生的思维，培养学生的想象能力。

小学语文第八册第八单元习作《故事新编》，教师首先播放了龟兔赛跑的视频，引导学生创编一个拥有完全不同结局的新故事，学生们讨论地非常热烈。教师又通过FLASH动画，给学生预设了故事新编的几个情节：河流挡道、掉入陷阱、利用滑板、萝卜诱惑。学生在欢声笑语中脑洞大开，创编了一个又一个精彩的故事，教师成功达到了习作课的预期效果。

（三）再现生活，拓展思路

信息技术学科不但要与语文学科相整合，二者更应与学生的日常生活相整合，因为学生的作文材料就来自日常生活。但我们发现，有些作文的内容虽然是学生已认识的事物，已经历的事件，但是往往由于无意注意，学生印象不深，写起文章来仍旧是无话可说。信息技术在习作教学中的运用，为我们解决了这方向的难题。

教学小学语文第八册第五单元习作《游________》，教师首先布置了交流任务。要求学生结合自己制作的PPT，分享自己游览的过程。有的同学利用旅游拍摄的照片，制作了精美的 PPT，介绍了万里长城的雄伟、华山的险峻、三亚的沙滩。还有的同学用画图软件制作了鸟瞰图，给大家介绍了颐和园的壮美、苏州园林的秀丽。通过结合信息技术手段，使学生的生活现于课堂，让学生自主发现写作的切入点，抓住印象最深最有体会的部分进行观察、描写。

钱学森先生曾说："未来教育=人脑+电脑+网络。"信息技术的发展为学生学习提供了丰富的资源。我们在探索信息技术学科与语文学科有机融合的实践中，通过信息技术与习作教学的整合，解决了习作教学的难点，变死气沉沉的课堂为盎然生机。不但培养了学生的观察力、想象力，更极大地提高了学生学习作文的兴趣，培养了学生自主学习、合作探究的能力，使学生成为新时代创新型人才。

（工作单位：天津市北辰区普育学校）

第六章

减负增能——优化创新作业设计

作业是促进教育质量提升的核心问题，与教学、评价有着千丝万缕的联系，与教学共同促进学生发展。在“双减”政策下，想要解放孩子，关键是要解决作业的设计问题。学校要不断提升作业设计与实施能力，充分发挥作业针对性等优点，实现因材施教。

以绘本故事做好一年级的入学教育

王 淼

一、关于入学教育的思考

(一)入学教育的重要性

“办好思想政治理论课,最根本的是要全面贯彻党的教育方针,解决好培养什么人、怎样培养人、为谁培养人这个根本问题。”小学生刚进入学校这个集体环境,三观还不成熟,正是需要教师进行思想引导的关键时候,而入学教育,就是学生进入学校后最先接触到的思想政治课。好的开始是成功的一半,学生记忆最深刻、最愿意接受的就是入学教育时期了解到的想法和做法。因此,入学教育在小学阶段思想政治课中起到关键性的作用,上好入学教育,能够提升学生对校园环境的认同程度,变“服从”为“认可”。

入学后,由于不能进入学校及时的观察,家长们最关心的就是孩子能不能健康的成长。现在大多数的孩子上幼儿园和上小学并不在同一个地方,并且出于安全考虑,学校也不会对单个家庭开放;同时多数家长对学校内的情况也不是很了解,无法给孩子适当的指引,这就造成了孩子对小学环境、小学生活的不了解。当孩子进入小学开始小学生活后，感受到最多的是不适应，包括对作息时间、伙伴关系、校园环境等的不适应，若引导不得当，孩子易出现不安、易怒、烦躁等情绪。为了防止孩子出现以上情况，在一年级正式开学前，学校应根据自身情况，开展相应的入学教育。

（二）入学教育的具体目标

1. 心理建设

在入学教育中，通过熟悉校园、观察高年级学生上课、活动，让孩子们对未来小学的学习和生活产生亲近感。另外，适当分配给孩子们能够完成的任务，在完成时及时表扬，让孩子们认识到自己从幼儿园的小朋友成长为一名小学生。

2. 学习能力

包括倾听习惯、注意力和表达能力。刚入学的孩子们以自我为中心，表达能力差，在入学教育中，要让孩子能够遵守课堂的常规，在遵守常规的基础上通过倾听来尊重发言的同学，也在大声发言的过程中培养自信心。

3. 自理能力

在幼儿园中许多日常生活问题由幼儿园老师解决。在入学教育中，要培养孩子的自理能力，包括：根据温度穿脱衣物、管理好自己的文具、活动之前要注意周围的环境等，同时这些自理的技能要在一定的时间内完成。

4. 交往能力

在入学教育中，让学生学会打招呼、学会谦让、学会夸奖别人和说“对不起”等，同时，有需要和老师沟通的事情不要害怕，要及时、大胆地说出来。

（三）国内入学教育现状

大多数学校在正式开学前会安排入学教育，时间短则半天，长则一星期。不过,学校对于入学教育的课时和内容安排并不系统,有的当天的课与之后的没有联系,有的入学教育与正式开学之后的习惯培养并不完全相同。在这样的环境中孩子对新环境的适应会变得困难重重。另外多数学校在入学教育中更偏向于使用练习强化的方式进行教育,练习方式单调,在这样的入学教育中孩子也能够熟悉学校规范,但在开学熟悉校园生活后,日常习惯易出现反复。

二、关于绘本故事的思考

(一)绘本故事在入学教育中的优势

一年级的孩子理性思维的能力较弱,对道理的理解程度并不深刻。绘本故事则充当了帮助孩子理解道理的老师的角色。通过有趣的故事、多彩的绘画,吸引孩子的目光,将孩子带入故事的情境当中,去体会主人公的感觉,做到感同身受。

当下幼儿园中的自主活动主要是用区角活动,在图书区中使用的就是绘本故事。孩子在幼儿园中接触的最多的图书就是绘本,在入学教育这个特殊的时期,使用绘本故事来引导孩子明白一些道理,知道一些基本的规则,为孩子正式开学后熟悉校园生活提供了有利的帮助。

(二)如何使用绘本设计入学教育课程

1.确定入学教育的能力点

结合孩子核心素养的内容和孩子身心发展特点,一年级设计全年共计10个习惯课程的主题,绘本课程一般设计为每个习惯课程的第一课。

(1)卫生习惯:包括个人卫生和公共环境卫生。

(2)文明习惯:孩子在生活中表现出行为、态度、表情等。

(3)学习习惯：倾听、认真、守时、独立完成作业、不畏难、实事求是等。

(4)走路习惯：最基本的往往最容易被忽视，大摆臂走路。

(5)生活习惯：培养孩子良好的生活习惯，能奠定孩子一生的基础，学会整理自己，锻炼独立生活的能力。

(6)安全习惯：孩子都能够把安全牢记在心里，并内化成为行为与习惯，懂得以及做到了“自敲警钟，确保安全”的要求。

(7)三姿习惯：正确的站姿、坐姿、握笔姿势。

(8)运动习惯：享受运动的乐趣，乐于学习运动技能，并进行集体练习。

(9)劳动习惯：乐于承担劳动，享受劳动带来的快乐。

(10)读书习惯：培养孩子广泛的阅读兴趣，扩大阅读面，增加阅读量，多读书，读好书，好读书。

2. 根据能力点选择合适的绘本故事

网络为我们提供了丰富的绘本故事素材，但不是所有的绘本故事都可以设计成入学教育课程。在入学教育中，孩子认识的字并不多，独立阅读绘本故事存在一定障碍，因此入学教育的课程应当选用文字较少，绘图清晰的绘本故事作为课程的素材。同时，为了将入学课程要设计成有针对性的课程，对能力点要进行拆分，并针对一个小的能力点选择内容贴合的绘本故事。

以卫生习惯举例。孩子在校的卫生习惯包含个人卫生和集体环境卫生，细分有仪表卫生、饮食卫生、卫生责任岗等，如果仅以一个故事带动孩子，并不能让孩子形成完整、良好的卫生习惯。在这里我选取了两个卫生习惯的能力点进行设计。

孩子平日生活中总听到家长说冷的食物和热的食物，但对其中的道理并不了解。在设计孩子卫生习惯中的饮食专题的课程时，可以使用绘本故事《肚子里有个火车站》。这本独具创意的绘本故事会带领孩子们参观肚子火车站，以一种极其有趣的方式使我们了解自己的消化系统，故事中主人公遇到的肚子痛的情况令孩子感同身受，容易引发孩子的共鸣，激发出孩子从心底里帮助主人公解决问题的愿望。同时，孩子在帮助主人公解决问题的过程中也意识到养成健康的饮食习惯的重要性，真正从“要我做”变成“我要做”。

五六岁孩子好动、爱玩是他们的天性，但在玩的同时如果出现弄脏身体、流出鼻涕等情况，孩子们也会选择最直接的方式处理：用手擦。如果擦的地点距离洗手间较远，擦的时间距离活动结束还有很长一段时间，那孩子很有可能会忘记洗手。在设计孩子卫生习惯中的洗手专题时，可以使用绘本故事《根本就不脏嘛》。这个绘本故事将孩子平常不能注意到的微观世界以漫画的形式放大出来，当主人公意识到手上其实有好多好多的细菌，由此想到许多的时候，孩子也会在故事的带领下明白，即使手看上去很干净，也可能存在很多细菌。之后，再教授孩子洗手的方法时，孩子们会更积极地学习，并且提出合理的建议，如：使用洗手液、不方便洗手时准备湿巾等，将洗手的原动力从老师、家长要求转变为自己要把手洗干净。

3. 根据绘本故事设计合适的活动进行强化

绘本故事让平时孩子不容易理解的道理变得容易理解和接受，那么在绘本故事结束后，如何让它对孩子的生活产生影响，留有痕迹，这就要在故事结束后设计合适的活动，对好的习惯进行定向的强化培养。

以读书习惯为例，一年级的孩子活泼好动，并且认字情况有差异，认字少的孩子较多，自主读书的能力较差，对于文字较多的图书较难适应，容易在出现说话、走神的情况。为此，可以引导孩子阅读绘本故事《图书馆里的狮子》。孩子读过故事之后，对图书馆中安静下来的狮子抱有极大的好感，都会争相去做这样的一只小狮子。此时可以设计活动：借阅图书，提出阅读图书的要求，并及时的给予适当的奖励（如：能够像图书馆中的狮子一样安静读书的孩子可以得到一枚狮子图章等）。通过多次活动的不断强化，让孩子将对图书馆中狮子的认同感转移到对安静看书的自己的认同感上来，在提升孩子对自己的认同感时，也帮助孩子养成了良好的读书习惯。

（三）将入学教育课程纳入学校特色的校本课程体系

入学教育是孩子适应学校生活、形成良好习惯的起点。但同时，入学教育仅仅只关注了孩子形成良好习惯的几个基础能力点，更多的能力点还需要在一年级一学年中逐步的、循序渐进的设计配套的课程并进行强化，形成系统的课程，也就是具有学校特色的校本课程。

习惯是行为的自动化，而习惯的自动化靠的是孩子对规则的接纳和认同。绘本故事无疑是孩子接纳和认同规则的良好途径，入学教育需要更多、更全面、更系统的绘本故事帮助并引领孩子遵守规则，养成良好的习惯。

（作者单位：天津市北辰区普育学校）

落实“双减”深教研 精准作业促成长

罗　辉

作业是教学过程中一个有机组成部分，是学习知识技能及时巩固的重要途径。在“双减”政策下，想要解放孩子，最关键是要解决作业的设计问题。为贯彻教育部就强化中小学生作业管理，克服机械、无效作业，鼓励布置分层、弹性、个性化作业的指导意见；全面落实区委区政府关于“双减”要求，普育学校启动“从作业管理到作业研究”项目研究，主要围绕作业改革的方向与实践、大数据赋能作业改革以及解决作业负担的途径等主题展开研讨。

一、高效教研体系确保双减政策落地

普育学校全面协同管理，整合优化育人资源。从“强化集体备课，提高二次备课实效”抓起，构建高效课堂教学模式，提高课堂实效。各学科组开展有效课堂的教学研究与实践，细化教学常规各个环节。

同时，陆续推出各学段学科的分层、开放、趣味、实践、德育作业样例，将作业设计与实施统筹纳入教师教研课题内容。我校中小学部结合校情、学情，细化工作要求，强化过程管理，制订了作业管理规范，建立了作业公示四公开制度（面向学生、教职工、家长及社会）、三级作业统筹管理制度、作业备案制、作业展评情况反馈制等，确保“作业管理”工作取得实效。

（一）做好规划：多方联动建设“品质课堂”

为打造课堂环境、课堂体系、学习品质全面优化的高质低负的教学生态，学校做好“三级建模”建设活动的整体规划，推动多方联动的“品质课堂”建设活动。

小学部以“数学作业不出校门”展开专项研究，从课堂设计到作业设计，最终形成良性循环模式。

学校组织开展评比、展示活动，巩固、推广“品质课堂”建设成果。组织各学科专题研讨活动；开展“品质课堂”建设精品课评比活动；征集、汇编各学科“品质课堂”优秀创新案例、精品课例。

（二）专项督查：推行校本作业优化行动

学校积极推行校本作业优化行动，出台作业管理工作方案，推进作业教研日常化，同时开展关于规范作业编制与使用的系列活动，分学科建立有效作业评判细则。

对学校的校本作业建设制度情况进行梳理，通过提高作业质量专题会进行分享和交流，促使相关管理制度的不断完善。

（三）专题研修：以“品质教研”推进“品质课堂”

建设围绕学科核心素养，聚焦学情诊断、教法改进、精准教学、评价重构等重点问题，积极开展各项专题研修，以“品质教研”推进“品质课堂”建设。

设立“品质教研”为主题的系列化培训项目，提升学科组长项目策划能力。坚持“大讲堂”教研活动 11 年，培养更多优秀的老师走向全国各地。

（四）课题立项：为“品质课堂”建设提供科研引领

学校积极开展“九年一贯制品质课堂的实践研究”，围绕提升学生的学习品质、教师的教学品质、课堂的育人文化品质这三个品质课堂的核心要素，以“作业”为切入点展开讲坛、讲评专项研究，为“品质课堂”建设活动提供案例支持，进行成果提炼并推广应用。

二、多样作业设计助力学生全面发展

（一）突出作业全面育人功能

作业影响着学生的学习兴趣、学习压力、自主学习能力、学习习惯、学习方法、责任感、自律性、持之以恒的意志力、时间管理能力、学业成绩等方面。作业是促进教育质量提升的核心问题，与教学、评价有着千丝万缕的联系，与教学共同促进学生发展。因此，作业本质上也是全面育人的过程。

（二）明确作业是学校教育范畴

作业应该是学校教育的范畴，是学校教师的责任与义务，我们应该成为作业设计与实施作业的主体。不断提升学校自身作业设计与实施能力，这样才有可能更好地充分发挥作业个性化、针对性等优点，更好地实现因材施教。

（三）坚持严格控制作业时间

作业时间，是一个反映作业数量与作业质量的综合指标，也是被社会高度关注的作业敏感指标。

普育学校秉承“提质控量”的作业管理方式，充分发挥学校教研组的功能，采用团队合作的方式，以单元为基本单位设计学校作业，有效统筹作业时间，加强作业内涵管理，持续不断建构高质量学校作业设计与实施体系。

（四）合理对待作业类型创新

作业类型会影响学生的作业兴趣，从而也会间接地影响学生作业的负担感和作业效果。普育学校系统规划，整体推进，设计学校 1.0 版本作业设计整体框架。作业类型的结构完善是作业改革的重要内容，因为合理的作业类型设计有助于发挥不同的功能。

跨学科、综合实践类、长周期、合作类、体育锻炼、艺术欣赏、社会与劳动实践等非传统作业类型，有其独特的价值，可以弥补传统作业的不足，对培养孩子问题解决能力、创新能力、时间管理能力、合作能力、元认知能力等都具有独特作用。无论哪种作业类型，都要坚持正确的教育价值观，以培养学生的核心素养为根本目的。

（五）着力提升教师作业设计与实施能力

作业设计质量的高低，直接与作业效果相关。本学期以“作业优化与整合和精准作业”为主题开展教学研究。教师在设计作业时需要综合思考各个相关要素，包括思考作业目标问题，作业时间问题，作业类型问题，作业难度等各个要素。

（六）大数据分析下的精准作业推送

通过两年多的探索，采用“数字保障建设，常态建设作业研究”，借助智学网，逐步推进的策略，通过“三段阶梯式”模式，即在资源开放、错题建设和一生一案三个阶段，采取从组卷、到讲评辅导、再到复习纠错等多种教学实施方式，实现了基于学生学情的个性化学习手册常态化使用。

同时，采用数据分析、分组纠错、小组展示、集中攻坚、推题精练、典题讲解的“六环推进式”模式进行精准讲评课范式探索，真正实现了精准教学、“靶向作业”。

三、坚持五育并举提升学校办学品质

五育并进，提升学校育人水平，促进学校内涵建设，让教育回归教书育人、立德树人的本质，不仅传授知识，更重要的是完善学生生命。

（一）党团队一体化铸魂育人　筑牢师生理想信念之基

学校不仅秉承了温瀛士先生的办学理念，更在恢复重建十余年的发展中走出了一条党建引领下的德育之路。

同时，针对学校青年教师占比较大的情况，学校遴选了一批政治立场坚定、理论素养较高、个人事迹突出、宣讲能力优秀的青年骨干教师，组建“阳光青年讲师团”，结合各年级的认知特点，用浅显易懂的方式为师生传递正能量。另外，学校初中部成立了“党史国史”宣讲团。

“党建带队建”一直是小学部开展德育活动的指引目标。少先队开展了“真实德育体系下”红色教育活动，即：听讲红色故事、观看红色影片、唱响红色歌曲、探寻红色足迹、诵读红色家书。

（二）开齐开足体育美育课　构建素质教育生态圈

《关于全面加强和改进新时代学校美育工作的意见》作为素质教育不可或缺的一部分，体育和美育教育得到了空前关注。多年来，学校一直注重五育融合，开齐开足体育美育课。学校开设民乐社团等 60 个学生社团，让学生感受不一样的精彩。

(三)争当劳动小能手　劳动教育伴成长

教育部要求全面提高学生劳动素养，树立正确的劳动观念，具有必备的劳动能力。普育学校就已经将劳动教育写进"课表"，并结合校情开展特色劳动教育。让学生在实践中体验到成功的快乐，感受到劳动的乐趣。

同时，学校设计了《"普育"争章》手册，从学生自评、互评、家长评、教师评等多方面，对学生的劳动能力做出客观评价。学生完成劳动岗任务，就可以获得相应的奖章，极大地激发了学生的劳动热情，助推了劳动课常态化的开展。

通过五育并举活动育人，普育学校学生素养会得到全面提升，学校在集团领导班子的带领下，用热爱与责任呵护成长，用爱心与情怀执着向前，书写普育学校发展新篇章。

(作者单位：天津市北辰区普育学校)

“双减”政策下小学高年级英语作业设计的探究

林月帅

作业与课堂教学密切相关，它是理解、巩固和运用课堂所学知识的必要手段，也是培养和提高学生自学能力、动手能力的有效形式，是教学过程中的一个重要环节。而目前小学高年级教师布置的英语作业内容重复，形式单一，忽视了对学生的情感、态度、创造能力和实践能力的培养。因此，如何设计出符合小学高年级学生兴趣爱好的多样性、创造性作业，这是教师必须重视的问题。论文吸收和借鉴了先进的教育理论和经验，为小学高年级英语教师布置作业提供了针对性、操作性都较强的操作策略，让学生在作业中巩固消化知识的同时获得学习的乐趣，找回英语学习的主动性和创造性。

一、英语作业设计的理论依据

先进的教育理论是指导科学研究的理论依据，而英语作业的研究和设计应建立在科学理论的基础上。

（一）建构主义理论

建构主义认为，学习不是教师向学生传递知识的过程，而是学习者在一定的情境即社会文化背景下，借助其他人包括教师和学习伙伴的帮助，利用必要的学习资料，通过建构的方式而获得知识的过程。建构主义学习理论强调合作，因此，教师在布置作业中应注意合作对于学习的重要性，利用小组合作作业的形式帮助学生进行学习。

（二）“教育即生活”理论

“教育即生活”理论是著名教育学家杜威提出的，它的主要内容包括：主张从做中去学习，从经验中积累知识。因此，作业布置应注重学生的动手实践能力，从学生的生活出发，从生活中累积知识。英语课外作业的形式是丰富多样的，以服务学生、激发学生的兴趣为目的，在教学实践中我们可以设计多元化的课外作业内容，来提升学生的语言运用能力和核心素养。

二、小学高年级英语作业的设计

（一）体现趣味性，作业形式多样化

1. 多听，多读，多说

优美的语音要反复听和练习才能形成，而单调的练习只会让学生产生倦怠心理。学生在完成一个英语单元主题的学习后，可以让学生搜集与本单元主题相关的一首短诗或一则短小精悍的英文故事的录音，并让他们自己跟读模仿。让学生把自己认为最满意一段用专用的空白带录下来，并标上录音日期，由教师分析并给予评价之后使学生获得提高。另外，教师每周给学生播放一首英文歌谣，事先在课堂上给学生解释这些英文歌词的意思，要求学生回家学唱。这些经典的英文歌曲歌词短小精悍，旋律简单优美，传达了追求美好生活的愿望，学生在学唱的过程中可以练习纯正的发

音,同时受到美的熏陶。

2. 在画中学

为了让学生通过完成作业更好地掌握所学知识,教师可以结合课本话题和生活实际,设计不同的基于单元主题的作业,让学生参与其中,体验英语的乐趣。例如,在学习五年级下册 Unit6 Welcome to our school! 这一单元时,教师开展以 school life 为话题进行单元整体的作业设计。由于疫情原因,不能聚集,因此开展线上家长开放日活动,结合本单元"线上学校开放日"的语境运用 How many …/We have …/We often …等语句描述学校课程。让同学们一起以学校开放日小志愿者的身份, 相互询问、交流学校生活的情况。绘制家长开放日的参观路线图,基本熟练地用英语介绍学校一日生活。引导学生成为志愿者,体验真语境下绘制参观路线图。再如,学习四年级下册 Unit5 What will you do this weekend? 单元时,教师布置了以 Weekend activities 为话题的单元作业设计。引导同学们熟练运用句式 I'll… 和词组 do exercises \ draw pictures \ help to do housework \ read more books 等介绍自己的周末活动。运用句型"What will you do this weekend ?"询问他人的周末活动,并让学生自己动手绘制调查表"My survey on weekend activities"让学生课后运用微信等对周末活动情况与你的同学们进行交流,最后老师会把同学们的调查表在班级微信群中进行展示,让学生在完成调查活动中去理解和学习知识,改善学习效率,提高语言能力和思维品质。教师还要把作业的主动权交给学生,设计选做题"Can you make a mind map of the knowledge in this unit?"学生自选绘制思维导图,提升了学生的主动性并逐步内化知识、输出语言。

积极开展小学英语单元整体框架下的单元作业设计,能够让学生在探究中学习,帮助学生在语境中理解语言的意义,体会语言的运用,并渗透语言的学习。鼓励学生主动去探究学习,促进学生体验,使学生尽情享受英语的魅力与乐趣。

3. 在做中学

感官体验是学生获得知识的最直接方法，也是使学生印象最深刻、理解最透彻的方法。学生通过自身的动手实践制作物品或解决问题，往往能体验得更深刻。所以，教师在进行作业设计时，应该在调动多种感官的基础上，充分发挥学生的实际动手能力，真正做到学与做有机结合。例如，在学习四年级下册 Unit1 Welcome to my new home！这一单元时，学习的内容主要为用英语介绍家中卧室，书房等物品。话题贴近生活，学生们都有话可说，都愿意开口说，那如何才能说得更真实些呢？学习完本单元的语言知识后，教师布置了如下的作业：让学生们几人一组用废旧的纸箱，泡沫等制作 home 的模型。Home 中要像实际一样有 bedroom、living room 和 kitchen 等房间，房间内摆好用橡皮泥捏的模型物品，物品上可以写上英文名称。到第二天上课时，学生们纷纷举手展示他们小组的模型，并踊跃地指着房间内的物品说道：“Look at my bedroom. There is a new bed in it. Look at my kitchen. There are two chairs …”这节课的学生参与率非常高，几乎每一位同学都参与了小组模型制作与语言输出，学生们在完成作业的过程中愉快地完成了语言知识的学习，不再干巴巴地说句子，而是在真实的情境下完成语言的自然输出。

（二）设计创造性作业

1. 贴近学生生活实际的实践型作业

教师在设计英语作业时，应贴近学生的生活实际，让学生在生活体验中去巩固所学知识。比如，让学生在生活中找一找常见的英文字母缩写代表的意思，如 KFC、WC、SOS 等。又如学了“what do you like to eat? I like to eat…/Do you like…? Yes, I do. No, I don't.”这些句型后，设计问卷调查作业，让学生来问问家里人喜欢吃什么并设计一下家里的菜单。挖掘生活资源，设计贴近学生生活实际的实践型作业，帮助学生降低英语学习的难度，激发学生的学习兴趣。

2. 以小组合作的形式完成的作业

教师在布置作业时要有意识地设计采用小组合作、共同探究的形式进行的作业，通过小组合作的形式，让每一个学生有效地参与其中。我们使用的人教精通版英语四年级上册，教材的每单元都有一个小故事，学完本单元后，教师鼓励每组同学把小故事表演出来。通过布置家庭作业的形式，先将同学们分组，再让每组同学们利用课余时间自己分工、准备道具，小组成员之间一定要把本组不会的同学教会，最终要通过小组的共同努力取得优胜。同学们在课堂上展示表演的过程，也是学生自己学习的过程。如在学完 Lesson 36 的小故事后，让全班同学以“Who am I?”为题创编表演，大家积极行动，学生回家自己准备表演时需要的大象耳朵、长鼻子、短尾巴等道具和服装，在家利用微信等帮助本组同学解决不熟练的生词、难句等，然后由组长合理分配角色，在课堂上进行角色扮演，学生结合道具进行描述“Look at my long ears. I have a long nose. …”大家在完成实践型作业的过程中学会了与人合作学习，也提高了他们学习英语的兴趣和主动性，为以后的学习奠定了一定的基础。

3. 鼓励学生多用英文写作

写作是锻炼学生英语能力的重要环节，但给学生布置的写作任务不一定是死板枯燥千篇一律的命题作文，写作的形式有很多种，从最简单的便条到写信到日记教师都能灵活布置。首先，让学生学写便条，可以是写给父母的留言条，如，从家里出门的时候给父母写张便条，“I' m going to the library ,I will be back soon”也可以让学生把自己的计划、任务用英文写成便条当作备忘录，“Don' t forget wash my clothes this afternoon”。每周把便条收集起来，在课堂上小组成员可以互相阅读，共同学习。写信也是锻炼英语书面表达能力的一种有效形式。在同一个班级里，教师可以组织学生自行结成对子，让学生尝试用积累的书面语给自己的同伴写英文信，探讨彼此感兴趣的话题。虽然信文往来可能会十分简短,有时甚至只是一个句子或者几个单词,但是学生之间的交流互动增进了彼此的友谊,又提高了学生的书面表达能力。

三、小学高年级英语作业设计的注意事项

(一)作业设计要有梯度

教师在设计英语课外作业时要从学生的实际情况出发,充分考虑个体差异设计分层作业。如学习了“I can make a schedule.”单元主题后,教师可以设计如下的分层作业:第一类作业是我可以用英语制作自己的日程安排;第二类作业是我可以用英语制作自己的日程安排并将它介绍给家人或朋友;第三类作业是我可以用英语制作、介绍自己的日程安排并严格执行。这样作业在内容上具有了较合理的梯度,教师要求学生至少完成其中的一项作业,学生可根据自身的基础及对知识的掌握程度选择去做哪项作业。教师设计分层作业的目的是激发学生英语学习的兴趣,提升学生学习的主动性,将作业的选择权交给学生,突出学生的主体地位。让他们“Learning by doing”在做中学,从而使课外作业真正达到提升学生学习兴趣、增强学习效果,开阔视野,最终提升综合素养的目的。

(二)作业的设计要与教学主题和实际生活相结合,倡导“用中学”

教师要活化教学内容,不能生搬硬套教材和教参,而是要创设具有创造性的语言环境,增加语言学习的时机,要结合教学任务、学生的实际水平等,大胆将教材解析成生活的点滴,拉近教学主题设计课外作业。教师要以学生为主要参与者,结合孩子天真活泼、简单和大胆的特性,把语言当作

一种技术，注重语言的实践活动，让学生通过参与实践活动型的课外作业，提升核心素养。

（三）强调英语学科活动的教育性，设计有效的英语作业促进学生的发展

学科活动的最终指向不是学科问题的解决，而是学科教育价值的实现。教师在设计英语作业时要结合教学内容，有效地渗透核心素养，让学生在潜移默化的英语学习中形成良好的品德。教师还可以在利用先进的教育技术和现代网络布置家庭作业，向学生传授核心素养的内容。例如，教师可结合课本的教学内容，给学生分享与之相关的教学资源，学生在家通过观看一些较生动、有趣的图片、视频、动画片，让学生在快乐轻松的英语学习氛围中得到启发，形成良好的道德品质，最终提升核心素养促进学生的全面发展。

总之，作业是巩固知识、发展学生能力的有效手段之一，小学高年级英语作业的设计要充分调动学生的感官知觉，在生活中发现和学习英语，使学生们积极主动的融入学习情境中。通过教师设计的新颖独特兼具开放性、差异性的作业，让学生们在作业中找到学习英语的乐趣，提高分析问题的能力，提高学生自主学习的能力，从而不断进步。

（作者单位：天津市北辰区普育学校）

"双减"背景下语文作业的设计与研究

魏　源

语文作业设计是语文教学过程中的重要环节之一，它与课堂教学、课外活动一起构成了完整的小学语文教学体系。它不仅是检测教学效果的一种重要手段，还是语文学习的风向标。《语文课程标准》强调，作业应在大量实践中掌握运用语文规律。随着课程改革的深入，小学语文作业的有效设计及实施越来越受到教师、家长、社会各界的关注与思考。在"双减"政策背景下，学校作业改革也面临一系列新的挑战。因此，完善作业管理，创新作业类型，促进学生全面发展和健康成长是当下教师工作的重要组成部分。

一、小学语文作业设计的基本原则

（一）坚持以创新教育理念为前提

语文作为一门最重要的基础学科，在教学过程中教师要彻底改变过去那种一灌到底的方法，关注学生全面、和谐的发展。针对传统语文作业的弊端，当下语文教学作业设计应顺应时代的需要，从学生的全面发展考虑。将信息收集和整理的过程融入其中，培养学生从作业中自主发现问题，认真分析问题和努力解决问题的综合学习能力。

(二)注重激发学习兴趣,培养学习习惯

作业的设计不能“为留而留”,应避免机械化地重复读写。要加强与学生生活经验、社会实践经验的联系,应注重展现真情实景,激发学习兴趣,助力思维发展。根据学生不同年龄段的性格特点和能力,合理布置不同类型作业,要加强综合性、探究性和开放性,让学生经历与体验多样的学习方式,形成主动探索的学习习惯。

(三)提升语文素养,充分发挥部编教材的工具性与人文性

《义务教育语文课程标准》指出工具性与人文性的统一,是语文课程的基本特点。让语文课上得有“语文味”,提升审美情趣与培养学习能力同样重要。为展现语言魅力、树立正确价值观,让学生爱上语文、爱上母语,教师应致力于培养学生语言感受与运用能力、思维能力和审美情趣,同时应重视对学生的思政教育。部编版教材中十分注重优秀文化对学生的熏染,提升学生的审美情趣和审美情趣道德修养是当代教师的使命。

二、小学语文作业设计创新与实践的实现途径

(一)创新作业类型,从单一走向多样

1. 自主类作业

在作业设计上,放手引导学生自己总结,自己设计相应的习题来巩固延伸课堂教学。学生给自己设计作业、布置作业,更能体现学习的主动性和创造性,激发对作业的热情和兴趣。

如学习《慈母情深》一课,同学们都被文中的这位母亲感动,了解了当

时的时代背景，同学们对梁晓声与母亲的生活细节产生了更多的兴趣。在学生沉浸在课堂氛围的时候，我借机引导学生：“如果请你为自己布置作业，你想设计一份什么样的作业呢？”同学们有的说要分角色朗读表演，有的说要把这个课文读给家人听，有的说要去读《母亲》这部小说。在学习了五上《少年中国说》一文后，同样让学生自己设计作业。同学们认为这篇课文很适合朗诵，打算在班中举办朗诵比赛，比一比谁读得最有气势；有的同学认为可以多了解当时中国的现状，学习梁启超先生，写一份“少年强国”的倡议书。

自主类作业，充分尊重每一个孩子的选择权，让学生依据个人兴趣、喜好、需要等做出自主选择，学生只有成为学习的主人，才能有真学习、真思考、真成长。面对自己设计的作业，他们作业时自主性更强，兴趣更浓，作业质量也更高。

2. 拓展类作业

开拓学生的思维不能只局限于课本，对教材的拓展与延伸是活跃教学方式的重要一环。在教学中根据课文本身的特征和课堂的实际需要，拓展课堂的空间，使课堂教学状态灵动起来，内容丰富起来。这就需要学生不能只局限在教科书中，必须要超越教材、超越课堂，走向更为广阔的语文天地。

随着五上《圆明园的毁灭》一文的学习，学生课前搜集了大量资料，深入了解了圆明园的宏伟与瑰丽，课堂上通过教师引导，观看影视资料，使得学生对圆明园损失的不可估量有了更加深刻的理解。“为何圆明园会遭到劫难？”“为何清军任由西方列强烧杀抢掠？”“我们能从损失中学到什么？”“处在太平盛世的我们应如何做？”同学们在课后展开激烈的讨论，学生们自发地去查阅资料，有些学生表示在假期要和家长一起去北京圆明园寻找历史的痕迹。

五上《太阳》是一篇科普说明文，文章介绍了太阳“远、大、热”三个主要特点以及举例说明太阳与我们密切相关。课文结束后，我与学生们探讨，除了太阳，还有什么是我们人类赖以生存的？我们在未来是否可以居住在其他星球？学生兴趣浓厚，纷纷表达自己的看法。我再借机引导学生课后去查找资料来佐证自己的观点，并于数日后举行一次“另一个星球”的辩论会。这样的作业有利于拓宽学生的知识面，使学生对学习燃起了强烈的热情，形成了个人的思维方式，提升了语言的表达能力。

拓展类作业以教材为生发点，不单单停留在一本书或一篇课文，而是对课程相关资源的深入发掘和利用。学生在这众多资源中学生不仅学习了语文课程，还体验到知识与生活的密切联系，拓宽了视野，提升了语文素养。

3. 跨界类作业

语文学科的跨界类作业，从本质上来说，是基于语文学科的特点，体现语文学科与其他学科的融合，从而更进一步促进学生对语文知识的理解和把握。

五上《四季之美》是一篇意境优美的散文，这一单元体现对学生文学品鉴能力的培养。课堂上，老师引导学生想象画面，诵读美文，课后学生在理解的基础上，把想象到的画面用画笔画出来，会取得更好的效果。全文“春夏秋冬”四季的画面感很强，学生通过画画再现课文情境，感受祖国语言文字的优美。三上《秋天的雨》《铺满金色巴掌的水泥道》，四上《爬山虎的脚》都可以采用语文+美术的形式，通过想象、构思，学生们更能理解文中的美，个别学生还可以借助自己的画来帮助背诵，激发想象力，提高审美能力。

4. 表演类作业

五年级的学生需要学习创造性复述故事的方法。创造性复述是学生对语言材料吸收、存储、内化、整理和表达的过程。学生可以自主改组课文，用自己的方式表达课文，这对于学生来说在文章理解、创新意识、思维方式以及表达能力等方面都有着巨大作用。

五上第三单元要求学生学会创造性复述的方法，创造性复述的方式有很多，我们在这一单元主要采取表演复述的形式。这一单元有三篇文章：《猎人海力布》《牛郎织女（一）》《牛郎织女（二）》，学生分小组自己编排、制作道具、设计场景，演绎作品。这种形式不仅使学生深入了解课文细节，理解文章所表达的情感，也使学生们在合作中锻炼了组织能力并加深了友谊。

课后，学生自主学习、深入探究、锻炼表达、互相评价。作业形式变得活跃、富有情趣。在学习过程中，融入听、说、读、写、思等语文学科的综合学习方式，还可以对所学内容进行实物观察、科学探究、客观求证、理论分析，将语文与其他学科融合，通过演、唱、画等其他兴趣学科的学习方法，让语文课变得“好玩”起来。

（二）创新作业方式，从独立走向协作

当下，是一个非常注重团队建设和管理的时代，在团队中可以合理利用每位成员擅长的知识领域，充分发挥集体的潜能解决问题，达成共同的目标。在作业的布置上，应多设置合作交流的任务，使学生在完成作业的同时掌握与人交流合作的社交技能，学会相互分享，学会共同面对困难，学会共同享受成功。

1. 合作型作业

在新课程改革中，合作性学习是一个亮点，合作学习是新课程改革的主流，合作性学习有利于教学相长。合作型作业指的是在作业过程中，全班分成几个合作小组，在老师的引导下，按照作业要求，小组成员分工合作，共同完成作业任务。

在教学过程中，教师时常会设置小组讨论的环节。但是实际课堂中，合作交流的效果并不十分明显。究其原因，是学生并未在讨论前对教材充分理解。因此课前对学习内容的预习是十分必要的。如何让每个人都参与进

来，在多种方式试验下，我认为课前小组合作的形式预习教材效果最好。

如学习五上《古诗三首》，我创新教学方式，让学生授课。学生想把课文讲述清楚，就需要大量的预习工作。因此，我布置的作业是通过网络、书籍等方式了解诗词，鼓励学生以小组合作形式完成作业，组内成员分工查阅资料，了解诗人写作背景，个人成长背景以及当时的时代背景，理清诗词大意。作业的验收以学生课堂上的讲解为依据。教师在旁辅助，将学生没有讲清楚的地方进行补充，真正让学生做课堂的主人。

五上《少年中国说》，课后第三题要求学生完成一份手抄报。这类课后题可以根据每个人的特长，分别负责“搜集资料、排版设计、写字、美工”等不同的工作。明确分工后，制订各项工作的完成进度，这样在协同中有分工，在分工中有合作，碰到问题一起解决，最终拿出一份凝聚集体智慧的作品。

在语文综合性学习中，要发挥好团队的力量，让学生从小接受团队合作教育，体验合作与成功的喜悦，在合作中提高沟通交流与合作学习的能力。

2. 互查型作业

互查型作业指的是学生自己出作业题，然后同学间相互答题。学生将学过的知识通过出题的形式进行“再创造”，达到对知识更深入的理解，更有效的内化，提高学习兴趣。

这类作业一般安排在复习阶段，大部分学生对于考试、试卷存在“抵触”心里。但学生们都不排斥成为“老师”。因此我引导学生们回忆自己学习时遇到的重点、难点、易错点，形成试卷考考他人并附上正确答案。在完成作业的过程中，出题人不仅自己巩固了知识，还可以挑战他人的试卷。将枯燥的测验，变成了一项“挑战”，既避免了题海战术，也让教师对学生们的知识掌握情况有更好的了解。这样的命题作业，锻炼和培养了学生的综合能力。

如在学习了五上《白鹭》后，A 同学出了三道题目：

1. 看拼音写词语

shì yí　　jīng qiǎo　　bái hè　　jìng xiá

（　　）（　　）（　　）（　　）

2. 补全课文内容

那雪白的______，那全身的______，______的长喙，______，增之______，减之______，______，黛之______。

3. 把反问句变成陈述句

但是白鹭本身不就是一首很优美的歌吗？

____

A 同学出的三道题中，第一题的五个词语，有两个词语是他自己写错过的，另外三个是他认为比较难的。第二题是考查同学对课文的背诵情况，选择的内容是他自己错过的句子。第三题是对改写句子的考查，是同学们的薄弱点。可以说，A 同学出的这三道题目从自己的学习经验出发，像是在整理错题本，起到了巩固知识的作用。

应该注意的是，学生自主命题要做到循序渐进。一开始，可以让学生出一些“字词类”的基础性作业，老师在这过程中加强指导。慢慢地，可以引导学生可以出一些“写句子”“课内阅读”的作业。当学生有了一定的经验后，甚至可以让学生出课外阅读作业。互助型作业重在让学生通过命题复习基础知识，梳理知识体系，作业量控制在 10 分钟以内。

总之，“双减”只是手段和路径，全面提升教育教学质量才是目的。教师需在课堂上下功夫，深入研究课堂教学的方式方法。作业设计旨在提升学生的学科核心素养，作业的改革和创新，绝非一朝一夕之功，需要老师们在日常教学中不断地摸索和探究，方能设计出一些既能激发学生作业兴趣，又能培养学生语文素养和综合能力的创新性、个性化作业。

（作者单位：天津市北辰区普育学校）

《说文解字》视野下的小学语文教学与个性化作业设计

张 煜

汉字是我们独有的文化瑰宝，它是工具性与文化性的统一。可以说识字是一切学习活动之根本，如何更好地将汉字文化融入课堂与作业中，也许《说文解字》可以给我们启发。

一、相似部首巧区分

小学生写错别字现象屡见不鲜，虽经过老师反复强调、多次教写仍然收效甚微。如示字旁“礻”和衣补旁“衤”，只“一点”之差却谬以千里。如果我们用说文解字的方法来讲解这两个部首，就清晰了。“礻”是示的变形，《说文》解为：“天垂象，示人间，三垂为日、月、星。观乎天文，以察时变。示，神事也。”由于古代科技不发达人们对上天敬畏极佳所以在进行一系列重大活动之前要观天象，由此可知，“礻”旁的字都与古代祭祀、神事有关系。且看：神祇、祈祷、祭祀、祝福、祖祠、社、礼、禅、视、祥、。其中礼物的礼字出现在二年级下册，学生书写错误率最高，最不好理解，追根溯源我们可知：礼字繁体为“禮”，右上曲字是串在一起的玉珠的象形，右下豆字是击鼓的架子的象形，合起来就是“击鼓献玉，敬奉神灵”。如孔子言：“礼云礼云，玉帛云乎哉！”可知礼物最早是敬献神灵的，后来才引申为普通人之间的礼尚往来。

“衤”顾名思义是衣的变形，甲骨文的衣就像衣服之形，上部的“人”就是衣领；两侧的开口处就是衣袖；下端像衣服的下摆。（如下图）所以衣补旁的字都与衣服，服装有关。且看：裤、袖、被、补、袄、袜、袍、裙、衬衫、初，以及装、裳、袋。其中初夏的初字出现在三年级上册语文书中，初字经过时间演变现与它的本义相差甚远，学生很难想到初与“衣服”的关联，且看《说文》，“初，始也。从刀从衣。裁衣之始也”。用刀裁剪布料是做衣服的开始，后引申开端。通过这样的讲解学生不仅了解了本义而且再书写“初”字也不会少写一点了。

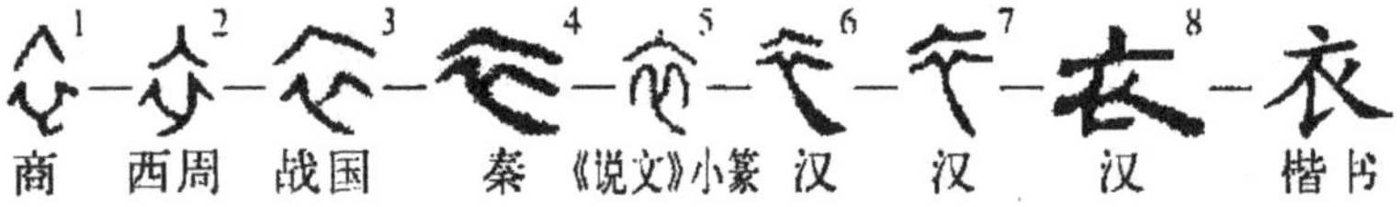

相似的部首难以区分，同一个部首在不同位置，对于学生来说也更容易混淆，如“阝”。左耳旁的原形是“阜”字甲骨文形像山崖边的石阶形。本义：土山。可见左耳旁的字都和山土有关。如山陵之陵。如阳：山之南水之北，朝向日光的地方为阳。右耳旁原形为邑字，上面是口下为跪着的人形，表人口。合起来表城邑。本义：国。例如国都，城邦，郡县，城郊，城郭等。今天右耳旁的字好多表示姓氏那是因为古代国家国君分封诸侯赐封地，这个封地内的人都以国为姓。如郑、邓、邱、郝、邢等。可见，“阝”虽名曰耳刀旁实与耳朵没有任何关系。

这样追根溯源的汉字讲解，比之以往的枯燥乏味的口述笔练不仅能够降低学生错误率，更能使学生了解中国的汉字文化传统、先人智慧，增强学生民族自豪感。

相似的偏旁的汉字还有很多，在书写过程中还是会因混淆而出现错别字，为了降低学生写字出错率，更为了使学生更好地了解汉字文化，我将这样设计个性化作业：

1. 说说你是怎样区分“即”和“既”的？

2. 列举反纹旁的字，说说怎样才能避免将反纹旁写成折纹旁。

3. 说说你是怎样区分“住”和“往”的？并说说偏旁单立人和双立人的不同。

4. 和家长交流自己姓氏的渊源。

这样的作业设计，能够让学生更大限度地开动脑筋区别形近字，降低书写错误率。高年级学生可自行查阅资料了解双立人和单立人两个部首的初始意义及演变过程。

二、文言阅读巧清碍

《说文解字》承载了古代先贤的大智慧，其中有六种造字法对现代的汉字研究与应用产生了深远影响。分别是：象形、会意、指事、形声、假借、转注。其中形声在教学中应用比较频繁。学生了解并理解构字之法在学习文言文的过程中能够增强学生自学文言文能力，尤其是三年级学生刚接触生涩难懂的文言文，如引入造字法让学生自己推测字义获得成就感，学生的学习兴趣借此高涨。这种文言文学习方法对初中甚至高中的文言文学习都将产生深远影响，达到事半功倍的效果。

形声字由两部分构成，表义类的偏旁为形旁，表读音的偏旁为声旁，如湖字。

部编版三年级下册语文书第一课古诗三首中的《惠崇春江晚景》的插图中就有气泡提示“我能猜出蒌蒿是一种植物，因为……”这就是《说文》思想的渗透。学生虽然不认识这两个字，但是根据这两个字的形旁都是草字头可以推断出“蒌蒿”是一种植物。同理，本册书另一首古诗《九月九日忆山东兄弟》中“茱萸”一词学生也可以根据形旁推测出是一种植物。再如文言文《守株待兔》一文中的株字，在教学中让学生根据造字法猜测株字意思，因为是木字旁所以跟树木有关。学生推测到这一层教师再解释株的意思：木根，与学生推测的十分接近，学生的学习兴趣因此更加浓厚了。学生可以自己疏通文章大意，不会再因为一两个字阻碍学生对整篇文言文的理解。

六年级文言文《伯牙鼓琴》是要我们通过子期伯牙的故事理解“知音”的含义。想要深刻理解“知音”的含义就要从“志”字入手。志的篆书是这样的：下面是一个心脏的形状，表形，上面的士是“之”字的变形，表声，为一棵小草从地理长出来的样子，为动词去，往，到的意思。不难理解，志字就是心中想要去的地方，即心之所向，后引申为志向，志愿。无论伯牙志在高山志在流水，钟子期必得之。所以子期并不是单纯欣赏伯牙的琴声，更是从琴声中听出了伯牙那不为人知的心意，所以他们互为知音。

教师对志字的深入解读，学生对知音内涵的感悟，巧妙又充满文化底蕴地攻破了这篇文言文的重难点。

由于形声字的形旁表意，同一形旁的字大部分意思相近，所以我这样设计个性化作业：

1. 选择一个形旁列出这一形旁的字（数量不限，越多越好），先根据造字法自行自学理解字的意思，再通过查字典的方法明确字的意思。

2. 偏旁讲故事。用一个故事将几个同一偏旁的字串联起来。要求通过故事能够理解字音与字义。

3. 全班交流展示。这项作业能够扩充学生的识字量，扩展学生知识面，强化学生学习汉字的主观意愿，编故事培养学生的创新能力，交流展示培养学生的口语交际能力。

三、传统文化植于心

小学生的思想千奇百怪，有时脱口而出的问题看似幼稚其实富含哲理，比如，学生经常会问家长：“妈妈我为什么姓李？”家长经常会不假思索地回答："因为你的爸爸爷爷姓李。"当学生继续追问爸爸爷爷为什么姓李的时候，家长往往哑口无言，一带而过。小小的头脑里充满了大大的疑问。也许我们可以用"说文解字"的方法来为孩子答疑。

上文提到今天右耳旁的字好多表示姓氏，大多以国为姓。这就是姓氏的最初来源。三年级上册口语交际"说说你名字里的故事"本课的教学我们依然可以依托《说文解字》来进行。例如张姓，《说文》语："张，施工弦也。"意思是拉开弓来射箭。所以张姓始祖不是猎手就是战士，也有可能是神射手。因为弓箭张开是一个平面，所以后来引申为量词张。再如李姓，《说文》语："李。果也。"再看李的字形，上面木下面子，树上吊的"子"就是"果"了。由此我们可知李氏始祖因居住在有果园的地方所以被封以李姓。

当然，说文解字不只可以解释姓氏来源，也可解释名字中的含义。父母为孩子起名字或是寄托美好祝愿，或是勉励孩子上进。基于此，我将这样设计个性化作业：

1. 与家长交流自己姓氏的来源。

2. 询问家长自己名字的寓意。

3. 试着用"说文解字"的方法解释家中其他成员的名字。

以说文解字为依托，以传统文化为底蕴，以口语交际为形式，三位一体，既落实了"双减"政策，又响应了"家庭教育，亲子教育"的号召。

孩子是人类的未来，我们用什么样的方式教育孩子，就是用什么样的方式塑造孩子的灵魂，就是用什么样的态度面对未来。说文解字是一部从源头解释文字的巨著。让孩子了解文字、传统文化是追根溯源的，是清晰明了的，而不是一知半解、囫囵吞枣，这是教育工作者应该致力的。

（作者单位：天津市北辰区普育学校）

“双减”下行为作业设计，使学生养成良好道德品质

——以道德与法治课程的行为作业设计为研究

潘希影

小学《道德与法治》课程教育是提高学生道德品质的重要手段，也是实施全面素质教育的重要途径。道德往往发生在生活中，这就决定了道德和法治的学习，必须是在生活中行为的学习。对于小学生来说，单纯的讲授只是听过，并不能触动学生的内心，只有亲身实践和体验才能达到知行合一。在双减政策的实施下，更要求教师精心设计作业，作业要注重引导学生自主探究、提高思维品质，触动学生内心。所以我们在设计作业时，要结合学科特色，积极改变思维，以学生的生活为基础，达到时间和空间合理安排，通过观察、实践等作业形式，设计恰当的行为作业，引导学生们养成良好的行为习惯和道德品质。

一、行为作业设置的现实意义

行为作业，既观察、实践、操作类亲身体验的作业。作业对学生所学的内容起到了铺垫、检测、巩固和落实的作用，也是道德与法治课程中用于提高学生道德品质的重要一环。

《道德与法治》是促使学生形成良好品德的主阵地。往往在教学中，以教师的讲授和学生参与讨论为主，教学效果比以前单纯的教师讲授加死记硬背好上很多，但是还是存在一定的缺陷。学生情感的获得不仅仅是在聆听和分析中获得，要想强化情感体验，最好是亲身去参与实践。这就需要为学生提供行动的机会。因此，采用行为作业的形式，来弥补课堂上讲授的不足，也给学生实际行动的契机。

教师根据教材内容，结合学生生活实际，为学生提出和布置多样化的行为训练作业，让学生运用在课堂上所学的道德概念进行实际的应用。通过合理的行为作业设计，解决课堂讲授的片面性，和学生的说做"两层皮"。实现课堂和生活相结合，在家校共育的促进下，通过道德与法治课程行为作业设计，促进学生德育发展。

(一)深挖教材，设置行为作业

道德与法治教材图文结合，多以学生的生活为事例，引发学生思考，我们可以深挖教材内容及道德认知因素。可以在授课前或授课后，切合教材内容，设置行为作业，让学生在生活中去观察、实践。

例如在《我们爱整洁》这一课，课本中让学生观察镜子里的我，以行为活动的形式，引发学生思考，我们可以在讲授完本节课后，布置回家照镜子这一行为作业。让学生回家通过每日照镜子，注意自己的仪容仪表，养成爱整洁的好习惯。像这样的活动设置，我们的教材中还有很多，布置行为作业一定要深入研读教材，恰当地把课本中的行为活动，设置成行为作业，从而有效落实教学重难点，促使学生养成良好的品德或习惯。

(二)立足学生生活实际，设置行为作业

学生良好道德品质和行为习惯的养成不是一蹴而就的，往往需要在生活之中感知、学习、巩固、习得。教师要在设计行为作业时，不能脱离学生的生活实际去设计，并且要善于抓住学生生活中亲身经历的事情，因势利导。比如在学习《大家排好队》这一课时，课前我布置了行为作业，让学生观察哪些地方需要排队，通过观察学生不仅仅能知道哪些地方应该排队，还能在观察中感受这些地方需要排队的具体原因，引导学生懂得排队的重要性。

结合学生的生活实际，设置的行为作业可以是多种形式的。除了观察类行为作业，还可以为学生创设生活角色，去体验和感受。比如在学习《感谢他们的劳动》这一话题时，为了让学生感受身边劳动者的不易，以及我们的生活离不开他们，我设置了课前的行为作业。我让学生化身为一名小记者去采访周围的劳动者。这样的好处有二：第一，学生亲身去体验当一名记者的辛苦，从制订主体、锁定采访目标、编写采访提纲、撰写采访稿、进行采访，采访后进行总结等，这一系列的活动中感受要想成为屏幕中仪态大方、侃侃而谈的记者并没有那么容易。第二，学生通过亲身采访身边的劳动者，感受他们在工作中的艰辛，以及我们的生活中处处都需要劳动者，有了他们才让我们的生活更加美好，从而激发学生对这些劳动者的感激。

(三)紧扣时代，关注热点设置行为作业

教师在设置行为作业时，不仅要布置一些学生感兴趣的，还要选择社会得一些热点问题，紧随时代的脚步，响应党和国家的号召，与学生的生活实际息息相关，让学生在体验、感悟中发展新的情感。

比如在学习《感谢他们的劳动》这一话题时，为了让学生用实际行动去感谢我们身边的劳动者，我设置了课后的行为作业。用实际行动感谢那些在疫情期间无私奉献的人们。这是我们现在的热点问题，也是关乎学生自身生命安全问题。为此我设置了以下几个小活动：1. 主动接种疫苗，为身边的亲人和朋友讲授接种疫苗的好处；2. 乘坐公共交通或出入公共场所戴口罩,配合测量体温;3. 如发现发热等情况,及时就医根据医嘱,进行核酸检测;4. 带动家人一起配合社区、学校进行核酸检测。让学生用自身的实际行动去感谢那些在疫情期间挺身而出的劳动者。

(四)整合资源,设置行为作业

教学应该不仅仅局限在课堂之中,我们可以结合学生的其他课程,例如德育课程、校本课程、劳技课程,进行课程的整合。为学生提供研学旅行、农训活动、参观红色教育基地等。教师可以根据学习主题需要,将活动扩展到校园内,还可以与社区相结合,让学生走进社区,进行劳动实践。课前我们通过行为作业,让通过观察、问卷调研等形式动起来;课后,通过实践性的行为作业促进道德品质的形成,真正让课后实践成为课内的补充和深化。

(五)注重行为作业的可行性、安全性和实效性

在设计行为作业时,一定要关注其作业本身的可行性,不要脱离学生的生活实际,或者是学生不便于完成的事。另外尤其要注重行为本身的安全性,比如在《干点家务活》这一课,在设置家干家务活这一行为作业时,要求学生完成的家务活一定是适合学生年纪和能力,或者是在家长的看护之下完成,不要擅自使用天然气和刀具,容易发生危险。行为作业也具有时效性,比如讲授《感谢他们的劳动》这一课,让学生积极配合防疫工作,就具有时效性。

三、加强作业指导与评价

行为作业的设计,不像书面作业,需要具体去实践和操作,这就需要教师给予更多的指导和帮助,可以在布置行为作业时,共同探讨完成的策略,

制订行动计划，这也是学生能力的培养。

学生完成行为作业后，教师要及时进行批改，批改的方式也根据行为作业不同，采用不同的方法。针对在家庭完成的行为作业，可以采用和家长沟通了解；一些需要填写记录表的行为作业，可以查阅学生行为作业的记录表或录像；还可以采用和学生沟通交流，谈话的形式；走进学生生活，家访；现场实践操作考评等，教师应该灵活运用多种形式，对作业进行批改，教师的回批，能多学生完成行为作业起到一定的督促作用。

教师应该及时对学生的行为作业做出评价，以促使学生在生活中养成良好行为习惯。教师要发现学生在完成行为作业中的闪光点，恰当地进行点拨，让学生形成自我认同感，从而形成内驱力，有利于良好道德品质和行为习惯的养成。

总之，在素质教育和双减政策的大力实施下，学生们不再拘泥于课本内容的死板学习，有更多的时间去实践、去发现、去创造。通过精心设计行为作业，从而达到让外在的道德规范真正内化为个体的道德品质，转化为持久的道德行为的目的，促使学生们形成正确的世界观、人生观、价值观。

（作者单位：天津市北辰区普育学校）

创新作业，让语文课堂“活”起来
——以部编版教材小学语文二年级为例

许张岑

如何提高作业管理水平，如何将作业设计进行创新是本文研究的重点。对于学生来说，“双减”是为了让学生不在应试化、短视话的教育形态中继续生存，以此来培养学生的创新能力以及其他各项综合素质，从而实现我国人才强国这一国策。对于家长而言，“双减”政策可以为家长重新树立正确科学的育儿观念，不再以分决定学生的高低，不再以补课填满学生的课余时间，理性的对待学生的成长。对学校、社会而言，不再已学习成绩作为衡量学生的唯一标准，更注重学生的实操能力，社会劳动能力，成为社会所需要的劳动型人才和技能类人才。这是大势所趋，要求提升课堂教学质量，提升学校课后服务水平，满足学生多样化需求。

根据低年级学生的学习特点，在作业设计时，要体现出开放性、多元性、趣味性、层次性、创新性，实现减负增效。

一、丰富作业形式，创设童趣课堂

《课标》中强调语文是培养学生听说读写多种能力的学科。其中“写”占据了非常重要的地位，但是这并不是唯一，“双减”政策给了我们一个很好的契机，让我们有机会去深入思考如何设计作业，才能提高作业效率。

经过实践证明，设计开放性的作业，能够激发学生完成作业的积极性，从而实现课堂高效性。

（一）实操式作业，提高学生动手能力

开放的语文作业形式之一就是“实操式作业”，这项作业形式也是低年级，尤其是二年级学生喜闻乐见的。这一形式可以让学生在实践中体会到学习的乐趣，并能够在实践中体会到学习的知识，一举双得。将语文作业与美术学科相结合，让学生动手去画一画，在完成作业的同时，还能调动多种器官去协作，必然会使他们对知识的理解更深入。

例如，在教授语文园地一“日积月累”板块中的古诗《梅花》后，我将作业设计为“诗配画——我眼中的梅花”。同学们动起手来，纷纷画出结合古诗意境的插画，有的同学画出了梅花傲视冰雪的高洁；有的同学画出了梅花迎雪绽放的坚强；有的同学画了一位诗人抚着胡须注视着梅花。这样实操式的作业既锻炼了绘画能力，又增强了理解古诗的能力，也是一次跨学科的融合。

（二）查找式作业，增强学生搜集信息的能力

“查找式作业”是一种连接课堂内外、沟通书本与生活的作业形式，不但可以让学生巩固课堂中学到的知识，还可以帮助学生通过自己获取知识，增强搜集、提取、整理信息的能力。这一方式可以提高学生的工具书和资料查阅能力，努力让自己动手，不再有求于他人，可以很好地锻炼学生的信息搜集能力。

例如，第三单元《黄山奇石》的课文讲完后，我设计的作业主题为“我是黄山小导游”。作业任务是让学生搜集其他奇石的资料，可以打印照片，也可以用画笔画下来，仿照课文的语言形式，当一名小导游介绍一种奇石。小导游需要语言组织能力，并且在组成旅游稿的时候需要学生做一系

列的前期工作，这个过程就是锻炼须生语文能力的过程，可以提高学生的语文能力。完成作业的过程就是一次信息收集、提取与整理的过程，在这个过程中同学们既回顾了课文的学习方法，又实现了教学难点的再次突破。在作业反馈时，同学们的语言表达能力和口语交际能力都得到了提高。

（三）实践式作业，培养学生科学思维

语文教材中的知识点只有在实践中才能体现其实用性、价值性，才能转化为学生实际应用的能力。语文在我们的日常生活中占据了大量的比例，在实践中进行语文素养的培养可算是就地取材。语文在社会生活中无处不在，有社会生活的地方，就有语文素养的体现。

在第四单元语文园地“识字加油站”板块中，我们一起认识火车票，在认识的过程中不仅能随文识字，拓展识字量，还能与生活实践相关联，学生可以结合自己在课下的实际生活，根据平时节假日的外出的亲身经历，坐火车或者飞机等交通工具外出的亲身经历，理解交通票据的信息。所以在设计作业时，应以指导社会实践为目的，学生回家搜集“长途车票”“飞机票”“火车票”，说一说从票上面都知道了哪些信息，从而培养生活能力，让学生在生活中学习语文，让语文能够指导生活。

（四）体验式作业，激发学生语言交际能力

开放性作业其中一种表现形式就是表演体验式作业，结合二年级学生的年龄和学习特点，“课本剧”是一种不错的体验方式。在课本剧编排时，学生之间需要交流沟通，既能巩固对课文的理解，揣摩角色的性格特点，更好地理解人物，又能激发学生的语言交际能力。

以《狐假虎威》为例，将作业任务布置为“小组合作演一演”，在布置好任务后可以利用素拓课和晨读时间，组织同学们以小组为单位进行排练。

在排演课本剧的过程中，学生需要揣摩角色的心理特点，再通过自己的肢体语言表现出来，对学生动手、实践、创新等综合能力的提高起到良好的作用，且这一作业任务可以极大锻炼学生的语言能力，交际能力和组织能力。

二、巧设作业层次，促进童心发展

创新作业体现在层次性上，既要表现在作业形式上的分层，也要在能力上有所分层。形式上的分层可以是让学生根据自身的兴趣爱好和特长，选择自己喜欢的作业形式；能力上的分层，则是根据学生学习能力的高低，将作业由难到易分成三个层次，让不同能力的学生都能在完成作业的同时感受学习的快乐。

如在第一单元《小蝌蚪找妈妈》这课中，为了更好地指导学生掌握教学重点——按顺序说清楚蝌蚪成长的变化过程。在作业设计时可以从三个层次入手：第一层是“先画画，再讲一讲”，能力强的学生，在课上已经能熟练说出变化过程，在作业设计上与绘画相结合，能够激发学生学习的积极性，提高作业趣味性。第二个层次是“先排序，再讲一讲”，针对能力中等学生，设计作业时为了提高趣味性和学生的参与性，我适当提高了作业难度，也可以很好地突破重点。第三个层次是“根据图片顺序讲一讲”，针对学习能力较弱的学生，只需要突破教学重点即可，也可以与表演相结合，提高作业效果。以生为本，设计不同层次的作业，在满足基本要求的基础上，能够让不从层次的学生，找到适合自己的提高层次点，不一刀切，满足了学生多层次发展的需要，让所有学生在完成适合自己作业的同时获得成功的体验。

总而言之，在如今双减政策的大背景下，作为一名普通的一线语文教师，给我们提供了崭新的思路，在降低书面作业量的同时，我们可以创新思路，多培养学生的读、听、说的能力，这些方面的提高和进步，恰恰提高了学生的语文素养能力,不再局限于用考试分数的高低来评判学生的水平。因此在作业的设计上为我们提供了更多的可能。但是,在作业设计环节,教师不能过分拔高,不能盲目地一刀切。我们要充分尊重学生的个性发展,遵循学生的认知规律,坚持“学生为本”,注重学生核心素养的养成,促进学生德智体美劳全面发展。贴近学生的现实生活,多促进学生的实际运用技能的发展。精心设计作业,实现创新性,为作业注入新的内涵,让创新作业成为语文课堂的延伸,成为培养和发展学生综合能力的桥梁,成为实现“双减”的有效措施,强化立德树人、学校育人的主阵地作用。

(作者单位:天津市北辰区普育学校)

后　记

"双减"提质促"五育"并举

"双减"政策的制定实施,是我国教育领域改革的又一次深化,是落实立德树人教育任务的重要举措。由于目前天津市三级课程中的学校课程在开展和落实"五育并举",在真正促进学生德智体美劳全面发展上还没有较为完善的课程体系,在三级课程中将"五育"有机融合中还没有形成较为丰富和可操作的系统可以借鉴。天津市北辰区普育学校在义务教育阶段三级课程和"五育并举"中应作为一个整体全盘考虑,在"双减"背景下构建学校特色课程体系以促进"五育并举",将有力推进学校在课程开发、课程设置、教与学方式、学科融合、教师教育教学研究上深入思考和行动,必将带动学校育人方式的变革,进而实现学校综合改革,提高整体育人质量。

学校以校本"五育并举"课程体系的构建带动学校育人方式的变革,进而实现小学教育的综合改革,助推"双减"提质增效落实,提升学校整体育人质量。以国家、地方和学校三级课程教学为主体,从课程内容着力,探索开发校本五育课程内容、探索多样化教与学方式真正落实五育目标,使学校课程与国家、地方课程有机融合,构建较为完整的适合本校的五育并举课程体系、形成五育并举阶段性成长目标和激励性评价操作系统。

学校将德育课程单独形成体系,并与学科课程相融合,体现了学科学习以德为先的育人宗旨。建立起普育教育集团真实教育课程体系的架构，完成并制定了学校课堂教学指导思想、总体模式、基本流程，制定完成各年级学科年度课程指标或建构起知识结构，总结归纳出多种课型的高效课堂教学模式，制定实施了《“落实‘双减’五育并举”作业管理办法》，以切实落实“双减”。

在广泛征求学生、家长、教师和专家组的意见与建议的基础上，不断探索学校课程层面的“五育”课程内容，致力于探索学校课程与国家课程和地方课程有机融合的路径和融合内容，以学校校本研修为推动，学科组建设为载体，促进教师研读教材、研究五育目标要求，研究课程标准，加强学科教师间教学互动。探索“五育并举”课程内容的整合途径，跨学科整合、跨环境整合。整合各学科“五育”相关内容，构建立体交叉校本课程体系，形成课程融合、学科融合和教师融合方案，设计形成不同模块下的教与学方式策略系统。在校本课程实践进行融合内容教学，提供充足的时间和空间，教师结合课程板块交叉组合团队。

在实践中研讨小学生“五育并举”阶段性成长指标，经过一个学期的研究实践，进行指标制定和完善，形成可量化操作的具体指标。比如：制定了普育教育集团真实教育小学生“五育并举”阶段性成长指标即《红领巾争章评价指标》，涵盖德智体美劳各方面，编印了《红领巾争章手册》，专门设计了争章奖励贴，使评价内容、评价方法、评价措施成体系。不仅如此，归纳实施“五育并举”课程的激励性评价内容。包括策略、评价项目、评价等级、评价依据、评价手段等内容，汇总教师个案形成学校层面的操作系统。

天津市北辰区普育教育集团的全体教育工作者以实际的创新实践，期望带动和携手更多基础教育学校形成合力，共同以课程作为素质教育培养目标的具化和依托，真正抓住课堂主渠道，发挥课程育人效能，进而真正实现用学生在校时间和空间最大化地促进其德智体美劳的全面发展。“五育并举”的课程体系建成也将为学生课余留出更多的全面发展的时间，校内外合力推进五育，必将促进学生全面高质量发展，助力“双减”政策真正造福教育实际。

行文至此，感慨万千，对天津市北辰区普育教育集团在双减背景下学校特色课程建设与研究的阐述已告一段落。通过全体师生的共同努力，《五育并举　向“新”而行：“双减”背景下学校特色课程的探索与实践》一书得以在此与大家见面，希望能给予大家以启迪。编写此书，既是为了回首记录与反思复盘学校特色课程建设的探索历程，也是为了向社会各界提供一个了解天津市北辰区普育学校教育实践与创新的窗口，向大家展示学校的教育教学与文化建设。借此机会，也向为本书诞生做出贡献的各位同仁表示诚挚的谢意。

教育的根是苦的，但其果实是甜的。热切期望此书能对教育教学深化改革、学校实现长足发展以及教师和学生的成长有所助益。路虽远行则将至，事虽难做则必成。着眼未来，多措并举、久久为功、协同推进才能推动“双减”更上一层楼。天津市北辰区普育教育集团将从深层次推动教育观念、教育体系、育人方式、教育评价等多方面深刻变革，在“双减”的同时做足增量，构建起学校、社会、家庭各归其位、协同育人的教育新生态，真正把“五育并举”落到实处。

2023 年 3 月